Romans 로마서 1

일러두기

- 이 교재는 《박영선의 다시 보는 로마서》에서 채택한 본문으로 구성되었습니다.
- 이 책에서는 개역개정판 성경을 인용하였습니다.
- 성경을 인용할 때, 절의 전체를 인용한 경우에는 큰따옴표(" ")로,
절의 일부를 인용한 경우에는 작은따옴표(' ')로 표기하였으나
예수님이 직접 하신 말씀을 인용한 경우에는 때에 따라 큰따옴표로 표기하였습니다.
- 본문에 《 》로 표기된 것은 도서를, 〈 〉로 표기된 것은 도서 외 작품을 가리킵니다.

성경공부 시리즈 103

로마서 1

2017년 3월 14일 초판 1쇄 발행
2024년 1월 10일 초판 3쇄 발행

지은이 박영선
기획 강선
편집 문선형, 정유진
디자인 잔
경영지원 함초아
펴낸이 최태준
펴낸곳 남포교회출판부
주소 서울특별시 송파구 올림픽로 4길 17, A동 301호
홈페이지 www.facebook.com/lampbooks **전화** 02-420-3155 **팩스** 02-419-8997
등록 2014. 2. 21. 제2014-000020호
ISBN 979-11-87506-03-4

무근검은 남포교회출판부의 새로운 이름입니다.
무근검은 '하나님의 영광은 무겁고 오래된 칼과 같다' 라는 뜻입니다.

성경공부
시리즈
103

Romans 로마서 1

무근검

들어가는 말

본 교재는 박영선 목사의 로마서 강해 설교집인《박영선의 다시 보는 로마서》를 저본으로 하여 교회 소모임 공부 교재로 준비되었습니다. 로마서를 더 깊이 공부하길 원하는 분은 위의 설교집을 읽으면 도움이 될 것입니다. 이 공부를 통해 신앙의 핵심을 되새기고 보다 풍성한 신자의 삶 누리기를 빕니다.

차례

01

오늘,
이미 시작된
새로운 세상

21 이제는 율법 외에 하나님의 한 의가 나타났으니 율법과 선지자들에
게 증거를 받은 것이라 **22** 곧 예수 그리스도를 믿음으로 말미암아 모든
믿는 자에게 미치는 하나님의 의니 차별이 없느니라 **23** 모든 사람이 죄
를 범하였으매 하나님의 영광에 이르지 못하더니 **24** 그리스도 예수 안
에 있는 속량으로 말미암아 하나님의 은혜로 값 없이 의롭다 하심을 얻
은 자 되었느니라 **25** 이 예수를 하나님이 그의 피로써 믿음으로 말미암
는 화목제물로 세우셨으니 이는 하나님께서 길이 참으시는 중에 전에 지
은 죄를 간과하심으로 자기의 의로우심을 나타내려 하심이니 **26** 곧 이
때에 자기의 의로우심을 나타내사 자기도 의로우시며 또한 예수 믿는 자
를 의롭다 하려 하심이라 **27** 그런즉 자랑할 데가 어디냐 있을 수가 없느
니라 무슨 법으로냐 행위로냐 아니라 오직 믿음의 법으로니라 **28** 그러
므로 사람이 의롭다 하심을 얻는 것은 율법의 행위에 있지 않고 믿음으
로 되는 줄 우리가 인정하노라 **29** 하나님은 다만 유대인의 하나님이시
냐 또한 이방인의 하나님은 아니시냐 진실로 이방인의 하나님도 되시느니
라 **30** 할례자도 믿음으로 말미암아 또한 무할례자도 믿음으로 말미암아
의롭다 하실 하나님은 한 분이시니라 **31** 그런즉 우리가 믿음으로 말미암
아 율법을 파기하느냐 그럴 수 없느니라 도리어 율법을 굳게 세우느니라

(롬 3:21–31)

그러나 이제는

로마서 3장 21절은 '이제는'으로 시작합니다. '이제는'이라는 단어는 앞의 내용을 함축하면서도 그것과는 조금 단절된 이야기가 나올 것이 예상되는 말입니다. 더구나 우리말 성경에는 빠져 있지만, 다른 번역본에는 '이제는' 앞에 '그러나'가 붙어 있습니다. 이 '그러나'를 넣어 '그러나 이제는'이라고 읽으면, 뒤에 이어지는 내용이 앞 내용과 극적인 반전을 이룰 것이라는 점이 더 분명해집니다. 로마서 3장 21절부터의 이야기를 더 잘 이해하기 위해 앞부분, 곧 로마서 3장 20절까지의 내용을 다시 한 번 확인할 필요가 있습니다.

1장 1절에서 3장 20절까지를 요약해 봅니다. 사도 바울은 로마 교회의 성도들에게 편지를 보내면서 자기가 복음의 종이 되었고 이 복음을 전하는 일에 마음이 불타고 있다고 말합니다. 간절히 그들을 보기 원한다는 마음도 전합니다.

바울은 이 서신을 쓰는 이유를 이렇게 말합니다. 내가 너희에게 복음을 전하고 싶은 이유는 이미 믿고 있는 너희를 격려하기 위해서이다, 이 복음은 모든 믿는 자에게 구원을 주시는 하나님의 능력이기 때문에 내가 너희의 믿음을 듣고 고마워한다, 이제 이 편지를 써서 너희를 격려하고 그 내용을 한 번 더 확인시키고 싶다, 라고 밝힙니다.

이어서 바울은 왜 복음이 능력인가를 설명하면서, 하나님의 진노 아래에 있는 인류의 참모습에 대해 풀어냅니다. 인류는 하나님과 맞서고 하나님에게 불순종하여 스스로 멸망의 자리에 들어갔다, 이는 인류가 역사 내내 저지른 짓을 보면 너무나 자명하다, 모두가 죄를 짓고 악하게 산다, 하나님을 찾는 자도 없으며, 혹 하나님을 찾더라도 하나님에게 합당한 영광을 드리거나 하나님 앞에 무릎을 꿇는 것이 아니라 자신의 욕심을 채우기에 급급하다, 여기에 예외인 사람은 없다, 율법이 있는 자는 율법을 알면서도 지키지 못했고 율법이 없는 자는 무지한 채로 하나님을 외면하고 살았다, 유대인은 하나님을 아는 특권이 있었지만 불순종했고, 이방인은 당연히 하나님을 모르는 무지 속에서 멸망의 길을 걷고 있었다, 그러고 나서 20절에 이런 결론이 등장합니다.

> 그러므로 율법의 행위로 그의 앞에 의롭다 하심을 얻을 육체가 없나니 율법으로는 죄를 깨달음이니라(롬 3:20)

율법으로는 자기 자신을 구원하거나 당면한 인간의 운명을 해결할 수 없으며, 율법의 역할은 인간이 대책이 없다는 것을 깨닫게 하는 것이 전부라는 결론입니다. 앞에 나온 모든 것을 묶어, 여기서 한 사람도 도망갈 수 없고, 아무도 핑계 대거나 변명할 수 없게 모든 길을 차단한 것입니다. 그리고서 '너희는 다 죽음 아래 있고 하나님의 심판에서 벗어날 수 없다'라고 선언합니다.

이런 설명을 펼친 뒤 '그러나 이제는'이 등장합니다. 로마서에서 말하는 복음을 잘 이해하려면 앞에서 살펴본 맥락 속에 '그러나 이제는'이 어떤 의미로 따라오는지를 잘 살펴봐야 합니다.

"그러나 이제는 율법 외에 하나님의 한 의가 나타났으니 율법과 선지자들에게 증거를 받은 것이니라"라는 구절을 생각해 보겠습니다. '율법 외에 나타난 하나님의 한 의'란 무엇입니까? 예수 그리스도를 믿음으로 말미암아 모든 믿는 자에게 미치는 하나님의 의를 말합니다. 복음에서는 믿음, 구원, 예수가 가장 중요한 단어인데, 로마서는 복음을 말하면서 믿음을 가져라, 회개해라, 구원을 받아라, 이렇게 권유하지 않습니다. 우리가 아주 많이 오해하는 부분입니다. 로마서에서는 설득하지 않고 사실을 이야기합니다. 우리가 죄인인 것이 사실이듯이, 구원이 사실이라고 이야기합니다.

'그러나 이제는'에서 '이제는'은 예수님이 오신, 지금부터 이천 년 전을 말합니다. 하나님이 '그러나 이제는'을 시작하십니다. 예수 이전과 예수 이후는 확연히 다른 세상입니다. '예수 이전'이 답 없는 인생을 살아야 하는 인류 역사의 비참함을 보여 주고 있다면, '예수 이후'는 죄 짓고 하나님을 외면하고 거역하고 하나님의 심판 아래에 있는 인류를 위하여 하나님이 예수 안에서 행하신 것으로 시작된 새로운 세상을 보여 주고 있습니다. 예수가 분기점이 되어 이렇게 나뉩니다.

하나님이 이루신 구원

우리는 '믿음'이라는 말을 조건으로 사용할 때가 많습니다. 예수를 믿어야 한다, 영접해야 한다, 회개해야 한다, 와 같은 조건으로 말입니다. 그러나 로마서에서는 믿음을 이런 의미로 쓰지 않습니다.

로마서는 앞부분에서 인류의 현실에 대해 율법 앞에 의롭다 하심을 얻을 육체는 없다, 모두가 죄인이다, 방법이 없다, 모든 입을 막았다, 필멸의 운명밖에 남은 것이 없다고 선언합니다.

바울은 3장 21절에서 이런 인류의 현실에 대해 '그러나'로 뒤집습니다. 그래서 여기서의 믿음은 이제까지는 없었던 방법을 소개하는 단어가 됩니다. 하나님은 우리로서는 어떻게 할 수 없고, 아무런 해결책도 없는 곳에 길을 내고 답을 내셨습니다. 그렇게 죽음과 사망과 멸망의 자리에서 승리를 만들어 내는 하나님의 능력, 그것이 믿음인 것입니다.

본문에서는 그것을 믿음이라, 하나님의 의라, 고 하여 율법과 대조합니다. 그러므로 우리는 로마서에서 믿음이라는 말을 대할 때면 하나님이 우리에게 하신 일을 강조하기 위해서 사용하고 있다는 사실에 주의할 필요가 있습니다. 믿음은 하나님이 하신 일, 우리의 자격과 조건을 묻지 않고 하나님 홀로 하신 일을 집중적으로 강조하기 위해 사용되고 있습니다. 디모데후서 1장입니다.

> 하나님이 우리에게 주신 것은 두려워하는 마음이 아니요 오직 능력과 사랑과 절제하는 마음이니 그러므로 너는 내가 우리 주를 증언함과 또는 주를 위하여 갇힌 자 된 나를 부끄러워하지 말고 오

직 하나님의 능력을 따라 복음과 함께 고난을 받으라 하나님이 우리를 구원하사 거룩하신 소명으로 부르심은 우리의 행위대로 하심이 아니요 오직 자기의 뜻과 영원 전부터 그리스도 예수 안에서 우리에게 주신 은혜대로 하심이라 이제는 우리 구주 그리스도 예수의 나타나심으로 말미암아 나타났으니 그는 사망을 폐하시고 복음으로써 생명과 썩지 아니할 것을 드러내신지라 내가 이 복음을 위하여 선포자와 사도와 교사로 세우심을 입었노라(딤후 1:7-11)

여기 나온 말씀처럼 하나님이 우리에게 주신 것은 우리의 행위에 대한 보상으로 주신 것이 아닙니다. 또한 우리의 요구에 반응하신 것도 아닙니다. 오직 하나님의 뜻과 그리스도 예수 안에서 주신 은혜로 말미암은 것입니다. 오직 하나님이 이유이고 원인입니다. 목적도 방법도 하나님이 정하셨고, 이루시는 능력도 하나님에게서 나옵니다. 하나님이 하신 것입니다.

'하나님이 하신다'는 점이 왜 중요합니까? 우리가 하나님을 믿고 이해하는 것이 하나님의 일을 성취하는 원인이 아니라는 점이 드러나기 때문입니다. 이 부분에서 오해하시면 안 됩니다. 우리는 마땅히 믿음을 지켜야 하고 순종해야 하지만 이것이 조건이나 원인이 되지 않습니다. 로마서에서 하고 싶은 이야기는 바로 이것입니다.

우리에게 자격이 있거나 우리가 이해해서 합의해야 구원이라는 결과가 생기는 것이 아닙니다. 하나님이 이 일을 이루어 놓으셨다는 사실이 먼저 있고, 이 사실에 기초해서 나중에 우리가 이해하게 되는 것입니다. 우리가 이해해서 사실이 존재하는 것이 아닙니다. 사실이 먼저 있고 이해가 나중에 좇아옵니다. 마찬가지로 우리가 믿으면 어떤 일이 가치 있는 실체가 되고 우리가 안 믿으면 그만인 것이 아닙니다. 우리가 믿지 않으면 예수님이 오신 것이 무효가 되고 헛것이 되는 것이 아닙니다.

예수님은 이미 오셔서 우리 죄를 위하여 십자가에 죽으시고 부활하셨습니다. 사망이 끝인 세상에 오셔서 사망이 끝이 아니고 반전이 있는 세상을 열어 놓으시며 이렇게 선포하시는 것입니다. "새로운 세상이다. 너희가 믿든지 안 믿든지 새로운 세상이 시작되었다."

로마서 3장 21절에서 바울이 말하고자 하는 것이 바로 이것입니다. 너희가 그 베푸신 구원의 혜택을 받고 인생을 살기 원한다, 이는 하나님이 이미 만들어 놓으신 것이다, '이미 만들어 놓았다'는 이 부분이 사실 로마서의 압권입니다. '그러나 이제는'으로 나눈 역사는 번복할 수 없는 것입니다. 역사란 시간 속에서 일어난 일이기 때문입니다. 취소할 수 없습니다.

이미 시작된 새로운 세상

예수 이전에는 인류가 가는 길이 사망일 수밖에 없었습니다. 사망이 최고의 권세이고 운명이었습니다. 그러나 예수가 오신 이후에는 사망으로 끝나지 않게 되었습니다. 예수가 가져온 하나님 나라로 말미암아 이 세상은 믿는 자들에게는 영광과 승리가 펼쳐질 장소가 되었습니다. 그러나 여전히 세상만을 위해서 사는 사람들에게는 결국 이 세상은 사망으로 끝날 뿐입니다. 사도행전 17장에 가봅시다. 아테네에 간 바울이 그들에게 우상이 가득한 것을 보고 분하여 이렇게 복음을 전합니다.

> 우주와 그 가운데 있는 만물을 지으신 하나님께서는 천지의 주재시니 손으로 지은 전에 계시지 아니하시고 또 무엇이 부족한 것처럼 사람의 손으로 섬김을 받으시는 것이 아니니 이는 만민에게 생명과 호흡과 만물을 친히 주시는 이심이라 인류의 모든 족속을 한 혈통으로 만드사 온 땅에 살게 하시고 그들의 연대를 정하시며 거주의 경계를 한정하셨으니 이는 사람으로 혹 하나님을 더듬어 찾아 발견하게 하려 하심이로되 그는 우리 각 사람에게서 멀리 계시지 아니하도다 우리가 그를 힘입어 살며 기동하며 존재하느니라 너희 시인 중 어떤 사람들의 말과 같이 우리가 그의 소생이라 하니 이와 같이 하나님의 소생이 되었은즉 하나님을 금이나 은이나 돌에다 사람의 기술과 고안으로 새긴 것들과 같이 여길 것이 아니니라 알지 못하던 시대에는 하나님이 간과하셨거니와 이제는 어디든지 사람에게 다 명하사 회개하라 하셨으니 이는 정하신 사람으로 하여금 천하를 공의로 심판할 날을 작정하시고 이에 그를 죽은 자 가운데서 다시 살리신 것으로 모든 사람에게 믿을 만한 증거를 주셨음이니라 하니라 (행 17:24-31)

여기에서 바울은 아테네 사람들에게 이 세상이 전부가 아니다. 이 세상으로 끝이 아니다. 심판이 있다. 우리의 존재와 시간을 살아계신 하나님이 다스리신다. 복을 주시는 주인이 있다. 우리가 다 그 앞에 서야 한다. 하나님은 예수를 보내어 죽은 자 가운데 부활시키심으로 사망이 끝이 아니라는 사실을 모두에게 증거로 삼았다, 라고 말하고 있습니다. 이에 대한 반응이 32절에 나옵니다.

> 그들이 죽은 자의 부활을 듣고 어떤 사람은 조롱도 하고 어떤 사람은 이 일에 대하여 네 말을 다시 듣겠다 하니 (행 17:32)

부활이 있음을 알게 되면 사람은 전처럼 가만히 있을 수 없습니다. 오늘이 전부이면 성실히 살 것 같습니까? 오늘이 전부이면 오늘 다 써 버리고 말 것입니다. 하지만 내일이 있으면 남겨 둘 것입니다. 남길 것이 없으면 내일을 위해 오늘을 준비해야 할 것입니다.

더구나 내일이라는 목적지가 심판이 있는 곳, 하나님이 통치하시는 자리라면, 오늘은 그 목적지로 이어지는 연장선에 놓여 있다는 것을 염두에 두면서 살아야 할 것입니다. 공부를 열심히 하는 가장 큰 이유가 무엇입니까? 내일이 있기 때문입니다. 그렇지 않으면 누가 숙제를 하며 교과서를 사겠습니까? 그 돈으로 빵 사 먹고 말 것입니다.

내일이 있는 사람이 오늘을 사는 법입니다. 이것이 로마서의 무서운 선언입니다. 너희는 이미 시작된 새로운 세상에 살고 있다, 그것을 얼마나 누리는가, 그것을 어떻게 자기 것으로 만드는가 하는 주제는 다른 데서 다룰 것입니다. 로마서에서는 이것보다 큰 이야기를 합니다. 보이는 것이 전부라고 생각하여 그저 여기서 견디고 견디다가 죽어서 보상받는 식으로 생각하고 만다면 오늘이 무엇인지 모릅니다. '오늘'이란 이미 시작된 하나님의 나라입니다. 우리가 사는 세계가 세상 권세의 영역이어서 우리는 죽은 후에야 하나님의 영역으로 넘어가는 것이 아닙니다. 온 세계가 하나님의 손안에 있습니다. 바로 여기 이 자리에, 새롭게 시작된 세계가 있습니다.

질문하기

1.

'예수 이전'과 '예수 이후'는 어떤 차이가 있습니까?

2.

로마서에서 믿음이라는 말은 어떻게 사용되고 있습니까?

3.

로마서 3장 21절에서 바울이 말하고자 하는 것은 무엇입니까?

나누기

하나님이 이미 우리 가운데 일하시고 계신다는 것을 아는 사람은 어떻게 오늘을 살아 낼 수 있는지 함께 나누어 봅시다.

02

신자,
은혜의 판 속에
거하는 존재

1 그런즉 육신으로 우리 조상인 아브라함이 무엇을 얻었다 하리요 **2** 만
일 아브라함이 행위로써 의롭다 하심을 받았으면 자랑할 것이 있으려니와
하나님 앞에서는 없느니라 **3** 성경이 무엇을 말하느냐 아브라함이 하나님
을 믿으매 그것이 그에게 의로 여겨진 바 되었느니라 **4** 일하는 자에게는
그 삯이 은혜로 여겨지지 아니하고 보수로 여겨지거니와 **5** 일을 아니할
지라도 경건하지 아니한 자를 의롭다 하시는 이를 믿는 자에게는 그의 믿
음을 의로 여기시나니 **6** 일한 것이 없이 하나님께 의로 여기심을 받는 사
람의 복에 대하여 다윗이 말한 바 **7** 불법이 사함을 받고 죄가 가리어짐
을 받는 사람들은 복이 있고 **8** 주께서 그 죄를 인정하지 아니하실 사람은
복이 있도다 함과 같으니라 **9** 그런즉 이 복이 할례자에게냐 혹은 무할례
자에게도냐 무릇 우리가 말하기를 아브라함에게는 그 믿음이 의로 여겨졌
다 하노라 **10** 그런즉 그것이 어떻게 여겨졌느냐 할례시냐 무할례시냐 할
례시가 아니요 무할례시니라 **11** 그가 할례의 표를 받은 것은 무할례시에
믿음으로 된 의를 인친 것이니 이는 무할례자로서 믿는 모든 자의 조상이
되어 그들도 의로 여기심을 얻게 하려 하심이라 **12** 또한 할례자의 조상
이 되었나니 곧 할례 받을 자에게뿐 아니라 우리 조상 아브라함이 무할례
시에 가졌던 믿음의 자취를 따르는 자들에게도 그러하니라 (롬 4:1–12)

율법과 은혜

우리에게 일어난 구원은 하나님의 의지와 지혜에 의한 것입니다. 로마서 4장은 이 구원이 우리가 상상조차 할 수 없는 방법에 의해 이루어졌다고 이야기합니다. 이는 앞서 3장 31절에 나온 "그런즉 우리가 믿음으로 말미암아 율법을 파기하느냐 그럴 수 없느니라 도리어 율법을 굳게 세우느니라"라는 말씀에 대한 설명이기도 합니다.

'율법으로는 구원을 얻을 수 없다'는 말은 '우리 스스로는 구원을 만들어 낼 수 없다'는 뜻입니다. 인간은 죄밖에 짓지 못합니다. 여기서 죄란 다만 도덕성에 저촉되는 것을 의미하지 않습니다. 하나님의 하나님 되심에 대한 거부와 외면이 죄의 핵심 되는 내용이라고 바울은 지적합니다. 곧 하나님을 모르고 하나님을 대적하는 불경(不敬)이 죄입니다. 로마서 2장과 3장 앞부분에서는, 율법이라는 기준에 비추어 불경한 인류 전체가 예외 없이 하나님의 진노의 심판 아래에 있다고 선언하고 있습니다.

하지만 3장 21절에서 '그러나 이제는'이라는 말로 국면이 크게 전환됩니다. 우리가 자신의 운명과 처지에 대하여 속수무책이었을 때, 하나님은 아들을 보내어 '율법 외의 하나님의 한 의로 말미암는 예수 안에서의 구원'을 이루셨습니다. 이는 은혜에 속하는 것이며 예수 그리스도를 십자가에 세우심으로 모든 믿는 자에게 구원을 허락하시는 하나님의 능력입니다.

그러자 이런 질문이 등장하게 됩니다. 그렇다면 율법은 이제 쓸모없는 것인가, 원칙은 깨진 것인가? 이에 대한 답은 그렇지 않다는 것입니다. 바울은 은혜가 율법을 오히려 굳게 세운다고 3장 마지막 부분에서 결론지은 후에, 4장에서는 이 은혜가 무엇을 의미하는지 설명해 나가기 시작합니다.

우리는 간혹 하나님의 일하심이 그분이 세상과 인간에게 창조의 대원칙으로 주신 기본 질서와 충돌하는 것은 아닌가, 하는 질문을 던질 때가 있습니다. 이러한 질문은 많은 이들이 의문을 가져왔던 '은혜와 율법 간의 모순'에 관한 문제와 같습니다.

성경이 하고 싶은 이야기는 이것입니다. 율법이 우리를 심판으로 몰고 간 것은 율법의 잘못이 아니라 죄인인 우리가 율법을 지킬 수 없어서 생긴 일입니다. 율법이 덩달아 욕을 먹은 것입니다. 율법은 우리가 하나님의 영광에 미치지 못한다는 사실을 지적합니다. 그리고 은혜는 이러한 우리를 하나님이 당신의 능력과 신실하심으로 완성하시며 구원하신다는 사실을 전합니다.

율법과 은혜는 같이 갈 수밖에 없습니다. 이는 하나님의 진노가 불의와 불경을 행하는 자들에게 임한 것이 결국에는 은혜라는 사실에서 확인할 수 있습니다. 하나님이 내버려 두시면 결국 파멸할 수밖에 없는 인류의 운명에 하나님이 징계와 진노와 심판을 보이셔서 인류에게 잘못 가고 있다고 가르쳐 주신 것입니다. 율법과 은혜가 함께 가고 있다는 것을 가장 잘 드러내 주는 것이 구원입니다. 율법은 하나님의 공의이고, 이 공의를 이루시는 하나님의 방법이 은혜입니다. 하나님의 공의가 이루어지는 일이 구원입니다. 바로 십자가입니다. 파멸에 이르는 운명을 살 수밖에 없는 인류에게 하나님이 당신의 아들을 보내어 그들의 곤경을 해결하신 것이기 때문입니다. 그러니 믿고 나면 율법의 가치를 더 잘 알게 됩니다.

아브라함이 부름 받은 배경

이제 율법과 은혜가 어떻게 조화를 이루며 함께 갈 수 있는지를 살펴봅시다. 성경은 하나님이 아브라함을 통하여 일찍부터 이 일을 준비하셨다고 제시합니다.

우리는 아브라함이 하나님 앞에 믿음을 드린 사람을 대표하는 최초의 인물이라고 알고 있습니다. 그러나 사실 그렇게 간단하지 않습니다. 로마서 앞부분에서 인간에게는 희망이 없다, 하나님을 찾는 자도 없고 의를 행하는 자도 없다, 그래서 하나님이 모든 입을 막고 모두를 심판 아래 가두었다는 선언을 보았습니다. 아브라함도 심판 아래 가두어진 한 사람이었습니다.

아브라함이 부름을 받는 장면은 창세기 12장에 나오는데, 이 앞

11장까지 무슨 내용이 나옵니까? 1장과 2장이 창조를 말하고 3장에서 인간의 타락을 이야기합니다. 타락의 증거와 현상이 현실에 드러납니다. 형제끼리 싸워 가인이 아벨을 죽이고 자신의 탐욕을 자랑하고 서로가 서로에게 악한 일을 행합니다. 너무나 두렵고 혼란스러운 세상이 됩니다. 창세기 6장 5절을 봅시다.

> 여호와께서 사람의 죄악이 세상에 가득함과 그의 마음으로 생각하는 모든 계획이 항상 악할 뿐임을 보시고 땅 위에 사람 지으셨음을 한탄하사 마음에 근심하시고 이르시되 내가 창조한 사람을 내가 지면에서 쓸어버리되 사람으로부터 가축과 기는 것과 공중의 새까지 그리하리니 이는 내가 그것들을 지었음을 한탄함이니라 하시니라 (창 6:5–7)

창세기 6장에 이르면 온 세상에 하나님의 창조의 목적에 부합하는 인간 존재는 하나도 없게 됩니다. 그래서 노아 홍수라는 대 심판이 일어납니다. 하나님이 노아를 통하여 모든 생물을 살려 놓기는 하셨지만, 지구 역사에 대 심판을 행하셨습니다. 그리고 홍수가 끝난 다음에 노아의 제사를 받으십니다. 이 내용이 창세기 8장 20절에 이렇게 기록되어 있습니다.

> 노아가 여호와께 제단을 쌓고 모든 정결한 짐승과 모든 정결한 새 중에서 제물을 취하여 번제로 제단에 드렸더니 여호와께서 그 향기를 받으시고 그 중심에 이르시되 내가 다시는 사람으로 말미암아 땅을 저주하지 아니하리니 이는 사람의 마음이 계획하는 바가

어려서부터 악함이라 내가 전에 행한 것 같이 모든 생물을 다시 멸하지 아니하리니 땅이 있을 동안에는 심음과 거둠과 추위와 더위와 여름과 겨울과 낮과 밤이 쉬지 아니하리라 (창 8:20–22)

하나님은 사람의 악함을 이유로 하여서는 다시는 세상을 심판하지 않기로 하셨습니다. 인간에게는 나아질 소망이 없는데도 말입니다. 그렇게 세상을 보존해 주셨더니 바벨탑 사건이 나옵니다. 창세기 11장을 봅시다.

온 땅의 언어가 하나요 말이 하나였더라 이에 그들이 동방으로 옮기다가 시날 평지를 만나 거기 거류하며 서로 말하되 자, 벽돌을 만들어 견고히 굽자 하고 이에 벽돌로 돌을 대신하며 역청으로 진흙을 대신하고 또 말하되 자, 성읍과 탑을 건설하여 그 탑 꼭대기를 하늘에 닿게 하여 우리 이름을 내고 온 지면에 흩어짐을 면하자 하였더니 (창 11:1–4)

사람들이 많이 모여서 권력이 커지면 큰일 난다고 합니다. '부패하지 않는 권력은 없다'라는 말을 들어 보셨을 것입니다. 역사에서 우리가 보아 온 현상입니다. 부패하지 않는 권력은 없다, 개인도 부패하고 개개인의 부패가 합쳐져서 힘이 커지면 더 크게 부패한다, 그렇다면 권력을 키우지 않으면 어떻게 될까요? 그래도 부패합니다. 아무것도 안 하고 있어도 부패합니다.

'설마 그 정도까지 부패할까?' 하는 생각이 들 수도 있습니다. 인간의 본성에 대한 어떤 신뢰나 희망을 갖고 있어서 그럴 것입니다.

하지만 '의인은 없나니 하나도 없다'는 성경의 선언에 스스로 항복하시는 날이 빨리 와야 합니다. 의인은 없으니 하나도 없다, 시간에 쫓겨 사는 것이 차라리 다행이다, 돈 있고 힘 있으면 나도 망하고 다른 사람들도 망하게 했을 것이다, 이것을 기억해야 합니다.

그리고 아브라함이 등장하는 것입니다. 이는 무엇을 뜻합니까? 이 대책 없고 희망 없는 인류의 현실에 하나님이 아브라함으로 새로운 일을 시작하신다는 것입니다.

복 받음의 대표인 아브라함

로마서 3장 21절에서 '그러나 이제는'이라고 하여 이전과 이후를 예수로 나누듯이, 아브라함을 부르셔서 그 앞과 뒤를 나누는 것입니다. 아브라함은 누구입니까? "내가 너로 큰 민족을 이루고 네게 복을 주어 네 이름을 창대케 하리니 너는 복이 될지라"라고 하셨습니다.

노아의 때에 하나님은 사람을 지으셨음을 한탄하시고 지면에서 쓸어버리셨습니다. 바벨탑의 현장에서도 하나님은 인류를 흩어 버릴 수밖에 없으셨습니다. 그러니 인류의 이 현실이야말로 '그러나 이제는'이라는 하나님의 일하심으로 국면 전환이 필요한 부분입니다. 이러한 인류의 현실에 하나님은 새로운 일을 시작하시는 것입니다. 아브라함에 관한 이 일들은 우리에게 이런 시각을 분명하게 해 줍니다. 창세기 15장을 봅시다.

> 그를 이끌고 밖으로 나가 이르시되 하늘을 우러러 뭇별을 셀 수 있나 보라 또 그에게 이르시되 네 자손이 이와 같으리라 아브람이 여호와를 믿으니 여호와께서 이를 그의 의로 여기시고 또 그에게 이르시되 나는 이 땅을 네게 주어 소유를 삼게 하려고 너를 갈대아인의 우르에서 이끌어 낸 여호와니라 … 해가 져서 어두울 때에 연기 나는 화로가 보이며 타는 횃불이 쪼갠 고기 사이로 지나더라 그 날에 여호와께서 아브람과 더불어 언약을 세워 이르시되 내가 이 땅을 애굽 강에서부터 그 큰 강 유브라데까지 네 자손에게 주노니 곧 겐 족속과 그니스 족속과 갓몬 족속과 헷 족속과 브리스 족속과 르바 족속과 아모리 족속과 가나안 족속과 기르가스 족속과 여부스 족속의 땅이니라 하셨더라 (창 15:5–7, 17–21)

하나님이 아브라함에게 그의 자손이 하늘의 별같이 많아질 것이라고 하십니다. 하나님, 제가 이것을 어떻게 알 수 있습니까, 하고 아브라함이 묻자, 하나님은 제물을 가져다 놓으라고 하십니다. 제물을 둘로 쪼개어 놓은 사이를 하나님이 언약 당사자가 되셔서 지나가십니다. 약속을 깨는 자는 제물이 쪼개진 것같이 저주를 받아야 한다는 맹세를 직접 하신 것입니다. 굳센 약속입니다. 그런데 거기를 하나님만 지나가십니다. 아브라함에게 지나가라고 하지 않으십니다. 하나님이 하신 약속입니다. 그리고 하나님이 아브라함을 이렇게 부르십니다. 7절을 다시 봅시다.

> 또 그에게 이르시되 나는 이 땅을 네게 주어 소유를 삼게 하려고 너를 갈대아인의 우르에서 이끌어 낸 여호와니라 (창 15:7)

그러므로 이 모든 일의 주인은 하나님이시며, 이 일의 시작과 주도권은 하나님에게 있습니다. 아브라함이 한 일은 그런 하나님에게 붙잡힌 것 밖에 없습니다. 우리가 자꾸 아브라함에게 어떤 특별한 원인이 있을 것이라고 여기면서 아브라함을 믿음의 조상이라고 말하고 싶다면, 그러기 전에 믿음이 왜 등장했는가를 먼저 보아야 합니다.

로마서가 하는 이야기가 무엇입니까? 율법으로는 죄를 깨달을 뿐이다, 의인은 없나니 하나도 없다, 아무도 하나님의 영광에 이르지 못했다, 남은 것은 심판뿐이다, 그러나 이제는 예수 그리스도를 믿음으로 말미암는 구원이 이루어졌다는 것입니다. 그런데 이렇게 다 못을 박았는데도 우리는 '내가 믿으면'이라고 하여 '믿음'을 조건으로 삼으려고 합니다. 이렇게 되면 '믿음'이라는 말에 담긴 대조를 놓치게 됩니다. 어떤 대조일까요. 우리는 할 수 없었다, 우리는 끝났다, 우리는 대책이 없다, 자기 스스로 '믿으면'의 자리로 들어올 사람은 아무도 없다, 그러나 하나님은 구원을 이루셨다, 입니다. 이것이 바로 '믿음'이라는 말에 담긴 내용입니다. 이처럼 믿음은 하나님이 하신 일을 가리킵니다.

이 대조를 보십시오. 그러니 아브라함에게서 근거를 찾으려고 하지 마십시오. 아브라함은 어떻게 믿음의 조상이 되었습니까? 하나님이 아브라함을 세우셔서 "내가 인류를 축복하고 내 능력과 신실함과 은혜로 말미암아 내 백성으로 기어코 만들고 말겠다"는 의지의 첫 번째 대상으로 삼으신 것입니다. 그가 믿음의 조상이라고 불리는 것은 그가 인류에게 복을 실행하시고 구현하시고 완성하시는 하나님의 일하심을 보여 주는 대표가 되기 때문입니다. 아브라함은 우리가 할 수 없는 것을 하나님이 해내셨음을 보여 주는 사람입니다.

이미 변화된 세상

좀 더 확실한 이해를 위해 이런 이야기를 해 보겠습니다. 예수 믿으면 회개합니다. 무엇이라고 회개합니까? "주께서 나를 위하여 돌아가신 것을 믿습니다"라고 회개합니다. 예수님은 언제 돌아가셨습니까? 이천 년 전에 돌아가셨습니다. 우리가 회개하기 전에, 이미 이천 년 전에, 하나님이 우리를 위하여 그 아들을 보내어 우리 죄를 사하셨습니다. 그런데 이 사실을 우리는 이제 압니다. 내가 믿어서 예수가 죽으신 것이 아닙니다. 내가 믿기 전에 예수께서 이미 죽으셨습니다. 이미 구원을 이루셨다는 말씀입니다.

예수께서 죽으셔서 구원을 이루신 일이 역사적 시간 속에서 이미 일어난 일이라는 것을 보십시오. 구약 내내 하나님이 이스라엘 백성에게 나타날 때에 하신 "나는 너희 조상 아브라함의 하나님이요, 이삭의 하나님이요, 야곱의 하나님이라"라는 말씀은 다 무슨 뜻입니까? 나는 너희와 무엇을 하려고 이제야 온 하나님이 아니라, 너희의 운명을 위하여 모든 것을 이미 준 하나님이라고 말씀하시는 것입니다. 시간의 차이를 두고 이미 일어난 과거, 번복할 수 없는 과거, 지금 내가 내리는 결정에 의해 좌우되지 않는, 과거에 이미 역사하신 분으로 하나님이 당신 자신을 소개하고 계십니다.

이제까지 우리는 구원을 지나치게 개인의 차원에서만 이해해 왔습니다. 물론 구원에 대한 개인의 확신은 중요합니다. 그러나 믿음을 그렇게만 이해하는 것으로는 부족합니다. 구원은 하나님이 이렇게 우리 각자에게 오셔서 세세하게 일하시기 전에 이미 먼저 역사와 세상과 인류를 대상으로 하신 것입니다. 그리고 이 구원을 각각에게 구체적으로 적용하십니다.

하나님이 어떻게 이 큰 틀을 바꿔 놓으셨는지를 모르면 예수가 오셨다는 말을 도무지 이해하지 못하게 됩니다. 세상이라는 판이 예수로 말미암아 바뀌었다는 말입니다. 이미 아브라함에게서 시작된 구원이 예수 안에서 구체적인 성취와 실체를 보이는 것입니다.

구약은 이 실체의 약속을 가지고 그 은혜 속에 있지만 실체를 보지는 못합니다. 동일한 은혜 속에 있는데도 말입니다. 그런데 우리는 '그러나 이제는 율법 외에 하나님의 한 의가 나타났으니 율법과 선지자들에게 증거를 받은 것이라'고 하는 예수 그리스도의 오심과 죽으심과 부활이라는 것으로 판이 바뀐 세상을 살고 있습니다. 부활 세상을 삽니다. '나를 믿는 자는 죽어도 살겠고 무릇 살아서 나를 믿는 자는 영원히 죽지 아니하리라'는 새로운 현실 속에 있다는 말입니다. 죽어서 가는 천국이 아니라, 이 세상에서 하나님과 화목하게 된 자로 이미 천국을 살고 있다는 말입니다.

우리가 회개했기 때문에 하나님이 당신의 아들을 보내시는 것이 아닙니다. 하나님은 이미 이천 년 전에 나를 포함한 인류를 당신 자신과 화목하게 하셨습니다. 이것을 각자에게 적용하는 일이 오늘 나에게 일어난 것입니다. 우리 모두가 전에는 멸망의 판, 절망의 판 속에 있었지만, 이제는 은혜의 판 속에 있는 것입니다.

우리가 믿는 신앙고백과 소망이 얼마나 큰 약속 속에 이미 성취된 것인가를 기억하십시오. 우리의 삶에 '나는 스스로 있는 자니라.

나는 너희 조상의 하나님이니라. 나는 내 아들을 너희에게 준 네 하나님 여호와니라'라는 말씀의 깊이를 이해하여 세상을 이기고 또한 자기의 못난 것을 이기는 신앙의 용사가 되십시오.

질문하기

1.

구원에서 율법과 은혜가 함께 가고 있다는 것이 어떻게 드러납니까?

2.

인류의 역사에서 아브라함의 등장은 무엇을 뜻합니까?

3.

오늘 우리가 사는 이 세계는 언제 절망의 판에서 은혜의 판으로 바뀌었습니까?

나누기

내 인생이 절망의 판이 아니라 은혜의 판 속에 있다는 것을 실감한 경험이 있다면 나누어 봅시다.

03

아브라함,
바로 우리 같은 자

13 아브라함이나 그 후손에게 세상의 상속자가 되리라고 하신 언약
은 율법으로 말미암은 것이 아니요 오직 믿음의 의로 말미암은 것이니
라 **14** 만일 율법에 속한 자들이 상속자이면 믿음은 헛것이 되고 약속
은 파기되었느니라 **15** 율법은 진노를 이루게 하나니 율법이 없는 곳
에는 범법도 없느니라 **16** 그러므로 상속자가 되는 그것이 은혜에 속
하기 위하여 믿음으로 되나니 이는 그 약속을 그 모든 후손에게 굳게
하려 하심이라 율법에 속한 자에게뿐만 아니라 아브라함의 믿음에 속
한 자에게도 그러하니 아브라함은 우리 모든 사람의 조상이라 **17** 기록
된 바 내가 너를 많은 민족의 조상으로 세웠다 하심과 같으니 그가 믿
은 바 하나님은 죽은 자를 살리시며 없는 것을 있는 것으로 부르시는 이
시니라 **18** 아브라함이 바랄 수 없는 중에 바라고 믿었으니 이는 네 후
손이 이같으리라 하신 말씀대로 많은 민족의 조상이 되게 하려 하심이라
19 그가 백 세나 되어 자기 몸이 죽은 것 같고 사라의 태가 죽은 것 같음
을 알고도 믿음이 약하여지지 아니하고 **20** 믿음이 없어 하나님의 약속
을 의심하지 않고 믿음으로 견고하여져서 하나님께 영광을 돌리며 **21** 약
속하신 그것을 또한 능히 이루실 줄을 확신하였으니 **22** 그러므로 그것이
그에게 의로 여겨졌느니라 (롬 4:13-22)

우리와 방불한 아브라함

로마서 4장은 온통 아브라함에 대한 이야기입니다. 우리는 아브라함이 믿음의 조상이라는 것과 그가 하나님을 믿었고, 그것을 하나님이 그의 의로 여기셨다는 것도 알고 있습니다. 그런데 여기에 주의해야 할 점이 있습니다. 아브라함의 이야기는 로마서 3장의 결론을 뒷받침해 주기 위해 4장에 들어 있는 것입니다. 이 점을 염두에 두지 않으면 자칫 아브라함의 이야기는 단순히 기독교 신앙의 중요한 모범 중 하나가 되고 맙니다. 그러나 로마서 4장을 비롯하여 성경은 아브라함을 신앙의 모범으로 세우려는 의도가 없습니다.

아브라함은 그가 어떻게 남들과 다른 믿음을 가지고 경건했느냐를 보여 주기 위해 등장한 것이 아닙니다. 하나님이 희망이 없는 세상에 당신의 구원을 성실하심으로 지키기로 작정하시고, 망할 수밖에 없는 인류의 역사에 개입하셔서 멸망의 길을 뒤집어엎으시고,

당신의 신실한 약속과 승리를 성취하기로 하셨는데, 이 일을 대표하는 이가 아브라함인 것입니다. 아브라함은 하나님의 은혜를 입은 자는 어떤 존재인가를 보여 주는 대표자로 서 있을 뿐입니다. 그는 남다르다는 이유로 대표자가 된 것이 아닙니다. 우리가 "아브라함, 아브라함" 하며 호들갑을 떨 때에 조심해야 하는 아주 중요한 이유가 여기 있습니다. 이것을 본문은 다음과 같이 이야기합니다. 로마서 4장 1절부터 보겠습니다.

> 그런즉 육신으로 우리 조상인 아브라함이 무엇을 얻었다 하리요 만일 아브라함이 행위로써 의롭다 하심을 받았으면 자랑할 것이 있으려니와 하나님 앞에서는 없느니라 (롬 4:1-2)

무엇을 얻었다 하리요, 무엇을 이루었다 하리요, 무엇을 성공했다 하리요. 아브라함이 자기의 행위로 의롭게 되었다면 자랑할 것이 있을 것입니다. 자기가 만든 것에 대해서는 "내가 했다니까"라고 하면서 자랑할 수밖에 없기 때문입니다. 그러나 하나님 앞에서는 자랑할 수 없습니다. 우리는 "그래도 아브라함은 믿었잖아요"라고 말하고 싶을 것입니다. 그러나 성경은 이따위 소리는 하지 말라고 합니다.

로마서 4장에서 아브라함은 남다른 믿음을 가진 자라는 이유로 등장한 것이 아닙니다. 바울이 아브라함을 언급하는 이유는 3장 21절의 "그러나 이제는 율법 외에 하나님의 한 의가 나타났으니 율법과 선지자들에게 증거를 받은 것이라"를 설명하기 위해 "아브라함을 보라"고 그를 등장시킨 것입니다. 아브라함이 누구입니까? 그는 우리와 방불한 자에 불과합니다. 그가 남달라서 특별한 대접을 받은 것은 아닙니다. 13절부터 다시 읽어 봅시다.

> 아브라함이나 그 후손에게 세상의 상속자가 되리라고 하신 언약은 율법으로 말미암은 것이 아니요 오직 믿음의 의로 말미암은 것이니라 만일 율법에 속한 자들이 상속자이면 믿음은 헛것이 되고 약속은 파기되었느니라 율법은 진노를 이루게 하나니 율법이 없는 곳에는 범법도 없느니라 그러므로 상속자가 되는 그것이 은혜에 속하기 위하여 믿음으로 되나니 이는 그 약속을 그 모든 후손에게 굳게 하려 하심이라 율법에 속한 자에게뿐만 아니라 아브라함의 믿음에 속한 자에게도 그러하니 아브라함은 우리 모든 사람의 조상이라 (롬 4:13-16)

아브라함과 그의 후손에게 약속하신 하나님의 백성으로서의 특권과 구원은 율법으로 말미암지 않고 믿음으로 이루어진 것입니다. 여기서 율법과 믿음을 대비하는 이유는 무엇입니까? 율법에 속하게 놔두면 결국 실패할 것이기 때문에 하나님은 은혜와 묶어 무엇으로도 실패할 수 없게 하려고 믿음을 등장시킨 것입니다.

신앙의 주인이신 하나님

하나님이 인류에 대하여 율법의 차원에서 요구하셨던 것을 뒤로 하시고, 이제 새로운 차원에서 하나님의 의와 신실하심과 자비와 긍휼과 능력으로 우리와 당신의 관계를 정상화하시는 방법이 바로 믿음입니다. 믿음은 하나님이 일을 시행하시는 방법을 가리키는 것입니다. 성경은 믿음을 하나님이 요구하시는 조건으로 언급하고 있지 않습니다. 율법에서는 원인과 조건과 자격을 우리에게 요구하는 데에 강조점이 있다면, 믿음에서는 하나님의 의지와 능력과 은혜와 자비에 강조점이 있습니다. 그래서 16절이 등장하는 것입니다. '그러므로 상속자가 되는 그것이 은혜에 속하기 위하여 믿음으로 되나니 이는 그 약속을 그 모든 후손에게 굳게 하려 하심이라.'

믿음으로 은혜에 속하게 하신 것은 모든 후손에게까지 약속을 굳게 하기 위해서라고 합니다. 실패할 수 없게 하려고 믿음으로 하신다는 말입니다. 그러나 우리는 믿음을 조건으로 사용하는 바람에 우리가 구원의 주인이 되어 믿느냐 안 믿느냐, 열심이 있느냐 열심이 없느냐로만 구별하여 "아브라함의 믿음을 보라"만 외치게 됩니다.

그렇지 않습니다. 이것이 로마서 4장이 하고 싶은 이야기입니다. 아무것도 아닌, 우리와 방불한 아브라함을 부르셔서 그의 잘못과 부족함에도 불구하고 실패할 수 없게 하신 것을 보라는 것입니다. 그런 부르심과 의지로 우리도 묶으셨습니다. 그래서 믿음은 우리의 눈을 우리 자신이 아닌, 하나님에게로 향하게 합니다.

4장 16절, '그러므로 상속자가 되는 그것이 은혜에 속하기 위하여 믿음으로 되나니 이는 그 약속을 그 모든 후손에게 굳게 하려 하심이라'라는 말씀의 의미는 우리로 실패하지 않게 하려고 그렇게 하셨다는 것입니다. 이어서 '율법에 속한 자에게 뿐만 아니라 아브라함의 믿음에 속한 자에게도 그러하니 아브라함은 우리 모든 사람의 조상이라'라고 하여 아브라함을 부른 것같이 그런 방식으로 우리도 다 불러내는 것이라고 설명합니다. 그리고 이 점을 분명하게 하려고 '아브라함이 믿었다'가 아니라 17절에 보듯이 '내가 너를 많은 민족의 조상으로 세웠다'는 말씀을 인용합니다. 이 인용문의 주어는 '내가'입니다. 곧 '나 하나님'이 주체입니다. 아브라함이 믿어서가 아닙니다.

기독교 신앙의 주인은 하나님이십니다. 하나님이 아브라함을 부르듯이 우리를 부르시고, 아브라함의 생애를 책임지듯이 우리의 생애도 "나는 아브라함의 하나님이며 또한 너희 하나님이라"라는 말로 붙들고 계십니다. 이뿐 아니라 우리의 자녀들에게도 "나는 네 아비 누구의 하나님이었다"라고 하시며 그들을 붙드실 것입니다. 한편 세상을 향해서도 "나는 아브라함의 하나님이다. 너희는 다 이 사람처럼 복을 받는다. 이 사람을 불렀듯 너희를 부른다. 아브라함을 축복하는 자에게 내가 복을 주고 아브라함을 저주하는 자를 내가 저주할 것이다"라고 하십니다. 이렇게 불러 세운 하나님이 주인이시라는 의미입니다.

그래서 17절에 계속 이어지는 말씀이 '그가 믿은 바 하나님은'이라고 하여 아브라함의 믿음을 이야기하지 않고 믿음의 대상인 하나님, 곧 '죽은 자를 살리시며 없는 것을 있는 것으로 부르시는 하나님'을 언급합니다. 그는 창조의 하나님이시고 부활의 하나님이십니다.

아브라함을 보라

예수를 믿으면서 다들 전전긍긍하는 것이 있습니다. 하나는 자기가 믿음이 적은 탓에 복을 받지 못한다고 생각하는 자책감이고, 다른 하나는 하나님이 내 기도를 안 들어주신다는 불만입니다. 그러나 아브라함도 전전긍긍하고 살았습니다. 그도 쩔쩔매는 인생을 살았습니다. 뒤에 나오는 이야기가 바로 이것입니다.

> 아브라함이 바랄 수 없는 중에 바라고 믿었으니 이는 네 후손이 이같으리라 하신 말씀대로 많은 민족의 조상이 되게 하려 하심이라 그가 백 세나 되어 자기 몸이 죽은 것 같고 사라의 태가 죽은 것 같음을 알고도 믿음이 약하여지지 아니하고 믿음이 없어 하나님의 약속을 의심하지 않고 믿음으로 견고하여져서 하나님께 영광을 돌리며 약속하신 그것을 또한 능히 이루실 줄을 확신하였으니 그러므로 그것이 그에게 의로 여겨졌느니라 (롬 4:18-22)

하나님은 창조의 하나님이고 부활의 하나님입니다. 하나님이 아브라함에게 "너는 복의 근원이 되고, 열국의 아비가 되고, 네 후손이 하늘의 별 같고 바다의 모래 같으리라"라고 하셨을 때에 아브라함은 자식이 하나도 없었습니다. 아브라함은 이미 백 세나 되어서 아이를 낳을 수 없었고 부인 사라도 마찬가지였습니다. 둘 다 아이를 낳을 수 없는 조건인데, 하나님은 오셔서 "너는 아브라함이다. 너는 열국의 아비다"라고 하시는 것입니다. 아브라함에게 하나님은 이해할 수 없는 분이었을 것입니다. 아브라함이 믿음이 약하여지지 않았던 것은 아마 대책이 없기 때문이었을 것입니다. 하나님, 저보고 무엇을 하라는 말입니까? 아브라함이 무엇을 할 수 있었겠습니까, 새로 장가를 가겠습니까, 무엇을 하겠습니까.

성경은 아브라함이 믿음, 곧 하나님의 일하심에 붙들려 있었던 자라는 것을 말하고 싶어 합니다. 아브라함은 보이는 것도 없고 도망갈 수도 없었을 것입니다. '아브라함이 하나님을 믿었다'는 말은 '그가 하나님에게 붙들려 있었다'는 말 외에 다른 표현으로 바꿀 수가 없습니다. 하나님이 자기 백성을 부르실 때 늘 그렇듯이, 우리 중 누구도 자기가 왜 예수를 믿는지 이해할 수 있는 사람은 없습니다. 시원하게 믿어지지도 않고 그렇다고 안 믿을 수도 없습니다.

이런 신자의 현실을 아브라함의 생애에서도 발견합니다. 아브라함이 겪은 상황이 꼭 그랬을 것입니다. 얼마나 말이 안됐겠습니까. 하나님은 그를 고향과 친척과 아버지의 집에서 끌어내어 가나안 땅에 들어가게 하시고 나그네로 살게 하셨습니다. 사실 그는 노숙자였습니다. 한심하게 사는 것입니다.

예수 믿고 제일 넋이 빠지는 것이 바로 이것입니다. 엄청난 약속과 복 속에 있는데 우리의 현실은 한심하다는 것입니다. 그러나 이 한심한 것이 하나님이 일하시는 믿음의 방식이라는 것을 기억하십시오. 율법으로 하지 않고 믿음으로 하는 하나님의 방식, 이것이 복으로 가는 하나님의 신실한 손길이라는 것을 이해해야 합니다. 이것을 읽어 내지 못하면 아무리 성경을 읽어도 답이 안 보입니다. 히브리서 11장에 가 보면, 이 사실에 대한 더 기가 막힌 증언을 만나게 됩니다.

> 아브라함은 시험을 받을 때에 믿음으로 이삭을 드렸으니 그는 약속들을 받은 자로되 그 외아들을 드렸느니라 그에게 이미 말씀하시기를 네 자손이라 칭할 자는 이삭으로 말미암으리라 하셨으니 그가 하나님이 능히 이삭을 죽은 자 가운데서 다시 살리실 줄로 생각한지라 비유컨대 그를 죽은 자 가운데서 도로 받은 것이니라
> (히 11:17–19)

아브라함은 열국의 아비, 모든 인류의 아비가 될 것입니다. '네 후손이 이와 같으리라'라는 약속이 제대로 실현되려면 아브라함에게 후사가 있어야 합니다. 그런데 이삭은 백 살에 얻은 자식입니다. 아브라함이 만든 아들이 아니라는 것입니다. 그리고 이제 이 이삭을 잡아서 바치라고 하여 "네가 이삭을 만들지 않았다. 이 이삭은 원래 없어도 됐다"는 것을 다시 확인시켜 줍니다. 아마 아브라함이 그때쯤 깨달았던 것 같습니다. "맞습니다. 이삭은 없는 존재입니다. 이삭이 없어도 이 일은 이루어집니다. 내가 낳을 수 없는 아이를 낳은 것입니다." 이것을 확인시켜 주는 사건입니다.

예수님은 동정녀의 몸에서 탄생합니다. 처녀가 낳은 자라는 것은 인간의 힘으로는 낳을 수 없는 존재라는 뜻입니다. 하나님이 그렇게 예수를 보내어 "너희가 낳지 않았다. 너희가 만들지 않았다"라고 이야기하는 것입니다. 내가 세상에 뛰어들었다, 너희가 만들거나 너희가 요청하지 않았다, 예수는 너희가 요구한 일에 대한 보상이 아니다, 이런 이야기입니다.

하나님이 우리를 위하여 우리의 인생과 운명에 그리고 세상의 역사와 운명에 뛰어들어 오십니다. 이것이 로마서 4장에서 아브라함

을 등장시킨 이유입니다. 아브라함을 보라, 그를 보면 하나님의 일하심을 알 수 있다고 하십니다. 그러니 아브라함, 아브라함, 하면서 호들갑 떨지 말고, 아브라함이 우리와 방불한 존재라는 것을 기억하기 바랍니다.

로마서 4장 19절에서 아브라함이 자기 나이가 백 살이라는 것과 자기 아내의 태가 닫힌 것을 보고도 믿음이 약하여지지 않았다는 말은, 하나님이 그를 놓아주지 않으셨다, 외적 조건은 문제가 되지 않았다, 이삭을 기적적으로 주셨으나 이삭이 없어도 되는 일이었다, 건강이나 재능을 주셨으나 그것들은 없어도 된다는 것을 알았다, 이런 뜻입니다. 이것을 확인하시기 바랍니다. 그러니 가슴을 펴고 신자답게 살아 내십시오.

질문하기

1.

아브라함은 어떤 존재를 대표합니까?

2.

아브라함이 하나님을 믿었다는 말은 무슨 뜻입니까?

3.

아브라함에게 이삭을 바치라고 하여 확인시켜 주는 내용은 무엇입니까?

나누기

아브라함이 우리와 방불한 존재라는 사실이 주는 위안은 무엇입니까?

04

십자가,
이미 정한
인류의 운명

23 그에게 의로 여겨졌다 기록된 것은 아브라함만 위한 것이 아니
요 **24** 의로 여기심을 받을 우리도 위함이니 곧 예수 우리 주를 죽은 자
가운데서 살리신 이를 믿는 자니라 **25** 예수는 우리가 범죄한 것 때문에
내줌이 되고 또한 우리를 의롭다 하시기 위하여 살아나셨느니라 **5:1** 그
러므로 우리가 믿음으로 의롭다 하심을 받았으니 우리 주 예수 그리스도
로 말미암아 하나님과 화평을 누리자 **2** 또한 그로 말미암아 우리가 믿음
으로 서 있는 이 은혜에 들어감을 얻었으며 하나님의 영광을 바라고 즐거
워하느니라 **3** 다만 이뿐 아니라 우리가 환난 중에도 즐거워하나니 이는
환난은 인내를, **4** 인내는 연단을, 연단은 소망을 이루는 줄 앎이로다 (롬
4:23–5:4)

하나님이 하신 일

하나님은 예수 그리스도로 말미암은 구원으로 예수 이전의 인류와 예수 이후의 인류를 양분하신다는 것이 로마서의 중요한 주제입니다. 예수 이전의 인류에 대해서는 하나님 앞에 배반하고 거역하여 스스로 자초한 멸망에서 빠져나갈 수 없게 되었다, 모두가 그렇다, 하나도 예외가 없다, 라고 판결합니다. 그러나 하나님이 예수 안에서 이들을, 스스로 초래한 죄와 멸망으로부터 구원하셨다고 합니다.

'율법이 아니라 믿음으로 구원을 얻는다'라는 말을 우리는 율법 대신에 믿음을 조건으로 내놓아야 한다고 잘못 생각합니다. 율법이란 우리가 조건을 내놓아야 하고 우리에게 자격이 있어야 하는 것과 같이 합리적 수단을 동원하는 방식을 대표합니다. 그러나 믿음이란 그것으로 할 수 없는 것을 하시는 하나님의 능력입니다. 믿음은 율법과 행위의 반대편에 서 있습니다. 그리고 이 믿음을 설명하는 병행 단어가 은혜입니다.

이제 더 깊이 들어가면 '믿음이 어떻게 책임 있는 우리의 특권이 되는가'에 대해서 알게 되겠지만, 일단 지금까지 살펴본 로마서를 통하여 하고 싶은 이야기는 '하나님이 무엇을 하셨는가'에 대한 것입니다. 하나님이 무엇을 하셨는가를 알기 위해 본문 23절과 24절을 다시 봅시다.

> 그에게 의로 여겨졌다 기록된 것은 아브라함만 위한 것이 아니요 의로 여기심을 받을 우리도 위함이니 곧 예수 우리 주를 죽은 자 가운데서 살리신 이를 믿는 자니라 (롬 4:23-24)

'의로 여기심을 받을 우리도 위함이니'에서 '믿으면'이라는 조건은 등장하지 않습니다. 그러므로 24절의 '곧 예수 우리 주를 죽은 자 가운데서 살리신 이를 믿는 자'에서처럼 강조는 예수를 살리신 하나님에게 집중되어 있습니다. 믿음은 그다음에 나옵니다. 믿음이라는 단어는 예수를 말하지 않고는 결코 이해할 수 없는 것인데, 예수는 이미 오셨다고 강조되는 것입니다.

우리가 하나님의 백성이 되는 때는 언제입니까? 우리는 각자 어느 특정한 시점에 태어나 나름의 인생을 살다가 언젠가부터 예수를 믿게 되어 그 믿음을 고백하고 결단하여 신자가 됩니다. 그렇다고 내가 예수를 믿겠다고 고백하면 그때야 예수가 등장하는 것이 아닙니다. 이 예수는 이천 년 전에 나의 죄를 위하여 죽으셨습니다. 그런데 우리는 이 시간상의 역순(逆順)을 잘 이해하지 못합니다.

예수를 믿어서 하나님의 자녀가 되는 것이 우리가 구원을 경험

하는 순서인데, 하나님은 이미 이천 년 전에 모든 인류를 위하여 예수님을 죽게 하셨습니다. 그래서 시대가 바뀌었다고 합니다. 이제는 새 시대다, 은혜의 시대다, 이렇게 성경이 선언합니다. 그러니 각자가 믿는 것은 이차적 문제입니다. 일단 믿고 나서 보니까 이 일은 그때 이미 하나님이 하신 것입니다. 우리는 나중에 태어나지만 우리의 운명과 결과가 이미 과거에 완료되었기 때문에 도망갈 데가 없다는 말씀입니다. 이것이 성경이 이야기하는 구원입니다.

아브라함처럼 우리도

아브라함이 믿음의 조상이 된 것은 믿음을 바쳐 자격을 얻었다는 뜻이 아닙니다. 그의 이름이 '아브라함'이기 때문입니다. 하나님이 아브람에게 '너는 열국의 아비다'라는 이름을 붙여 주시고는 자식을 안 주십니다. 결국 주시지만 그 아이는 아브라함이 낳을 수 없을 때 주신 자식입니다. '아이는 내가 만든 것이 아니라'는 것을 아브라함은 이삭으로 확인했습니다. 이삭을 바치라는 말은 무슨 뜻입니까? 아브라함더러 '이 이삭은 내가 만든 자식이 아닙니다'라고 인정하라는 뜻입니다. 사람은 만들 수 없어도 하나님은 얼마든지 만들 수 있습니다. 그렇게 아무것도 만들 수 없는 사람이 바로 아브라함입니다. 자기가 얻은 결과를 스스로 만들어 낼 아무 조건도 가지고 있지 않은 자, 그가 아브라함입니다.

그에게 의로 여겨졌다 기록된 것은 아브라함만 위한 것이 아니요

> 의로 여기심을 받을 우리도 위함이니 곧 예수 우리 주를 죽은 자 가운데서 살리신 이를 믿는 자니라 (롬 4:23–24)

그러니 예수가 오신 것은 아브라함에게 일어난 일과 같은 맥락에서 일어난 일입니다. 이런 맥락은 우리에게도 연속성을 가집니다. 우리가 아직 죄인이었을 때에 예수는 우리의 죄 때문에 죽으시고 징벌과 심판을 받아야 할 모든 인류를 이 죽음 안에 싸안고 없애 버리신 셈입니다. 그리스도의 죽음 아래 모든 인류가 함께 죽어 없어지는 것입니다. 예수 그리스도는 우리를 의롭다 하시기 위하여 살아나셨습니다. 시간적으로, 역사적으로 예수로부터 새 인류가 등장하는 것입니다. 그런데 그 이후의 결과와 운명과 최종 승리를 여기에 못 박아 놓고서 우리에게 시작과 과정을 주십니다. 이는 우리가 모를 방법입니다. 대단한 역설입니다. 어떻게 끝이 시작 전에 올 수 있습니까? 이는 역설입니다.

마치 이런 식으로 이야기해 볼 수는 있습니다. 영화에 어떤 노인이 나와서 과거를 회상하자, 이제 화면이 바뀌어 그가 어려서부터 죽 지나온 삶을 이야기하는 것같이 우리의 운명과 존재와 그 모든 것을 예수 안에서 결정하신 후 각각에게 자기 삶을 허락하시는 것과 같습니다. 시간상 우리는 뒤늦게 태어나고 우리가 죽어 하나님을 만나 뵐 때까지 각자의 선택과 여러 시험과 주어진 기회 속에서 인생을 살아가지만, 성경이 이야기하는 것은 예수 안에서 곧 십자가에서 결과를, 모든 인류의 운명을 이미 정했다는 것입니다.

예수로 누리는 하나님과의 화평

로마서 5장 1절을 살펴봅시다.

> 그러므로 우리가 믿음으로 의롭다 하심을 받았으니 우리 주 예수 그리스도로 말미암아 하나님과 화평을 누리자 (롬 5:1)

3장 21절과 5장 1절을 연결하여 보면, '그러나 이제는 화평을 누리자'입니다. 예수 안에서 주신 하나님의 은혜와 구원이 이제 우리에게는 현재입니다. 언제부터 현재입니까? 예수님이 못 박히신 자리에서부터 현재인 것입니다. 우리가 믿어서가 아니라, 우리가 할 수 없었을 때에 하나님이 그렇게 하셨습니다. 하나님이 시작하셨으니 우리 주 예수 그리스도로 말미암아 하나님과 화평을 누리자고 합니다.

이런 이야기를 생각해 볼 수 있습니다. 어떤 아이가 친구네 집에 놀러 갔다가 그 집의 도자기를 깼는데 이 도자기 값이 2억짜리입니다. 두 아이가 다 도망갑니다. 더 이상 도망갈 수 없을 만큼 멀리 인적이 드문 곳까지 가서 떱니다. 부모들이 걱정하며 찾고 있는 줄 모르고 말입니다. 이럴 때는 어떻게 해야 할까요? 이틀 밤을 넘기지 말고 빨리 집으로 돌아가는 것이 좋습니다. 돌아가서 맞을 것 맞고서 집에 들어가는 것이 지금보다는 훨씬 낫다는 것을 깨달아야 합니다. 들어가서 부모와 화해해야 합니다. 맞을 것 맞더라도 받을 복 받아야 합니다. 지금 그런 내용입니다.

마찬가지로 우리가 하나님을 외면해서는 마음에 평안이 없습니다. 자꾸 현실을 외면하여 도망가는 것으로는 해결이 안 됩니다. 우리가 인생을 살면서 반드시 직면하게 되는 것은 인간이 무엇인가, 인생이 무엇인가, 라는 문제인데 여기에 대해 세상은 답을 주지 못합니다. 나이가 들수록 우리 모두 공감하게 되는 일 아닙니까.

세상이 만들 수 없는 것들이 있습니다. 성령의 열매로 나열되어 있는 성경의 약속 곧 사랑과 희락과 화평과 오래 참음과 자비와 양선과 충성과 온유와 절제는 그것 자체로 보배롭고 귀한 것입니다. 세상은 이것을 주지 않습니다. 오히려 세상은 이런 것을 값싸게 여기라고 부추깁니다. 우리로 하여금 남을 이기고 다른 이의 것을 빼앗아서 더 가지라고 합니다. 세상은 그것을 성공이라 부르고, 그렇게 살아야 괜찮은 인생이라고 쳐 줍니다.

그러나 세상이 거짓말을 하고 있다는 것을 나이가 들수록, 고난을 받을수록 더 많이 알게 됩니다. 고난을 당하면, 존재하는 것에 무슨 가치가 있다는 말인가, 이렇게 무력하고 이렇게 기회가 없는데 존재한들 무슨 소용이 있다는 말인가, 자연스럽게 이런 질문들을 던지게 됩니다. 이 질문에 대해 성경은 이렇게 답합니다. 로마서 5장 3절입니다.

> 다만 이뿐 아니라 우리가 환난 중에도 즐거워하나니 이는 환난은 인내를, 인내는 연단을, 연단은 소망을 이루는 줄 앎이로다 (롬 5:3-4)

바울은 그 어떤 것도 우리에게 주어진 승리와 우리의 완성을 방해할 수 없으니 환난과 고난 속에서도 이런 운명을 가진 사람답게 주어진 현실을 살라고 합니다. 2절에서는 우리의 운명을 이렇게 표현

합니다. "또한 그로 말미암아 우리가 믿음으로 서 있는 이 은혜에 들어감을 얻었으며 하나님의 영광을 바라고 즐거워하느니라."

"하나님, 왜 이렇게 살게 하셨어요?"라는 우리의 질문에 대해서 성경은 '우리가 환난 중에도 즐거워하나니'라고 답합니다. 고린도후서 4장을 봅시다.

> 우리는 우리를 전파하는 것이 아니라 오직 그리스도 예수의 주 되신 것과 또 예수를 위하여 우리가 너희의 종 된 것을 전파함이라 어두운 데에 빛이 비치라 말씀하셨던 그 하나님께서 예수 그리스도의 얼굴에 있는 하나님의 영광을 아는 빛을 우리 마음에 비추셨느니라 우리가 이 보배를 질그릇에 가졌으니 이는 심히 큰 능력은 하나님께 있고 우리에게 있지 아니함을 알게 하려 함이라 우리가 사방으로 욱여쌈을 당하여도 싸이지 아니하며 답답한 일을 당하여도 낙심하지 아니하며 박해를 받아도 버린 바 되지 아니하며 거꾸러뜨림을 당하여도 망하지 아니하고 우리가 항상 예수의 죽음을 몸에 짊어짐은 예수의 생명이 또한 우리 몸에 나타나게 하려 함이라 우리 살아 있는 자가 항상 예수를 위하여 죽음에 넘겨짐은 예수의 생명이 또한 우리 죽을 육체에 나타나게 하려 함이라 (고후 4:5-11)

이미 결정된 우리의 운명과 승리와 영광을 예수 안에서 펼치라고 합니다. 우리에게 주신 하나님의 약속을 펼치십시오. 그것은 책임이기도 하고 하나님의 뜻이기도 하고 우리의 영광이기도 합니다. 이 길을 살아 보라는 것입니다. 걱정할 것 없습니다. 예수 그리스도의 십자가와 그의 부활은 취소될 수 없는 역사적 과거이기 때문입니다. 우리 각자가 예수를 언제 믿었는지는 다 다를지라도 결국 우리가 예수를 믿고 확인하게 되는 것은 우리가 하나님을 찾은 것이 아니라 하나님이 우리를 놓아두지 않으셨다는 사실입니다. 하나님이 우리가 믿을지 안 믿을지 보려고 태어나게 했다고요? 이런 질문은 하나님을 너무 얕보는 것입니다.

우리가 믿으면 다행이고, 안 믿으면 그만인 그런 식으로 구원을 주려고 하셨다면 이렇게 시간을 끌 필요가 없을 것입니다. 하나님은 우리가 상상할 수 없는 당신의 지혜와 충만을 시간과 역사와 우리의 삶에서 구체화하고 계십니다. 하나님의 영광과 우리의 영광을 위해서 말입니다. 성경은 예수 그리스도의 죽음이 하나님에게 영광이라고 말합니다.

그러니 멋있게 사십시오. 사람이 멋있다는 것은 어려울 때 드러납니다. 오른편 빰을 때리면 왼편 빰을 대라는 성경 말씀은 세상이 할 수 없는 일입니다. 우리만 할 수 있습니다. 폭력으로 폭력을 대응하고 힘으로 힘을 대응하면 누군가가 죽어야 일이 마무리 될 것입니다. 성경은 그렇게 하지 않아도 된다고 말합니다.

예수가 역전시킨 인생

깊은 생각은 자랑이나 성과가 아니라 인격과 성품으로 드러납니다. 그런 인격과 성품으로 막막한 현실과 무시무시한 인생의 위협 앞에 구체적으로 답해야 합니다. 문제를 해결하라는 것이 아닙니다. 그 모진 풍상을 겪어 내면서 자리를 지키라는 말입니다. 외면당할 수 있고 억울할 수 있지만, 이 일을 통하여 모든 사람에게 그늘과 보호를 주시는 하나님의 손길로 서 있는 자가 되는 것, 그것이 실력입니다. 이런 실력은 많이 배우고 많이 가져야 얻게 되는 것이 아닙니다. 하나님이 우리에게서 이것을 이루시며 그렇게 일하신다고 말씀하십니다.

이제 맞이하게 된 현실은 본문에 있는 바와 같이 "그러므로 우리가 믿음으로 의롭다 하심을 받았으니 우리 주 예수 그리스도로 말미암아 하나님과 화평을 누리자 또한 그로 말미암아 우리가 믿음으로 서 있는 이 은혜에 들어감을 얻었으며 하나님의 영광을 바라고 즐거워하느니라"의 현실입니다. '그러나 이제는'으로 시작한 말씀이 드러내는 새로운 현실을 살게 된 것입니다.

더 많이 가져야 하고 언제나 무흠해야 하는 싸움이 아닙니다. 도덕성보다 더 나가는 것입니다. 능력을 넘어서는 일입니다. 그것은 하나님이 나에게 무엇을 약속하셔서 이루셨는가, 어떻게 붙드셔서 지금 함께하고 계시는가에 관한 일입니다. 그러니 '예수를 생각하라'는 말은 아주 힘들어도 예수님이 참으신 것을 생각하면서 참아 내라, 인내하면 언젠가 좋은 날이 올 것이다, 이런 의미가 아닙니다. 예수가 겪으신 고난은 그것 자체가 영광으로 가는 길이었다, 영광은 고난 속에서 빛난다, 그것 없이 빛날 수는 없다, 그러니 어떻게 할 것이냐, 라는 말씀입니다. 이런 성경의 가르침을 다시 마음에 새겨야 합니다.

질문하기

1.

믿고 나서 보니 내가 하나님의 자녀 되는 일은 언제 이루어졌습니까?

2.

환난과 고난 속에서도 우리에게 주어진 현실을 살아갈 수 있는 근거는 무엇입니까?

3.

그리스도인의 실력은 어떻게 나타납니까?

나누기

각자의 인생 속에서 신자로서 실력을 발휘한 경험이 있다면 함께 나누어 봅시다.

05

명예,
세상이
이해할 수 없는 길

1 그러므로 우리가 믿음으로 의롭다 하심을 받았으니 우리 주 예수 그리
스도로 말미암아 하나님과 화평을 누리자 **2** 또한 그로 말미암아 우리가
믿음으로 서 있는 이 은혜에 들어감을 얻었으며 하나님의 영광을 바라고
즐거워하느니라 **3** 다만 이뿐 아니라 우리가 환난 중에도 즐거워하나니
이는 환난은 인내를, **4** 인내는 연단을, 연단은 소망을 이루는 줄 앎이로
다 **5** 소망이 우리를 부끄럽게 하지 아니함은 우리에게 주신 성령으로 말
미암아 하나님의 사랑이 우리 마음에 부은 바 됨이니 **6** 우리가 아직 연약
할 때에 기약대로 그리스도께서 경건하지 않은 자를 위하여 죽으셨도다
7 의인을 위하여 죽는 자가 쉽지 않고 선인을 위하여 용감히 죽는 자가 혹
있거니와 **8** 우리가 아직 죄인 되었을 때에 그리스도께서 우리를 위하여
죽으심으로 하나님께서 우리에 대한 자기의 사랑을 확증하셨느니라 **9** 그
러면 이제 우리가 그의 피로 말미암아 의롭다 하심을 받았으니 더욱 그로
말미암아 진노하심에서 구원을 받을 것이니 **10** 곧 우리가 원수 되었을 때
에 그의 아들의 죽으심으로 말미암아 하나님과 화목하게 되었은즉 화목하
게 된 자로서는 더욱 그의 살아나심으로 말미암아 구원을 받을 것이니라
11 그뿐 아니라 이제 우리로 화목하게 하신 우리 주 예수 그리스도로 말
미암아 하나님 안에서 또한 즐거워하느니라 (롬 5:1–11)

삯이 아닌 은혜

로마서 5장 1절에서 11절의 내용은 대략 이렇게 요약할 수 있습니다. 하나님이 너희가 죄인이었을 때에도 너희 편을 들어 주고 은혜를 베푸셨다면, 너희와 화목하게 된 다음에는 얼마나 더 큰 은혜를 베푸시겠느냐, 하는 이야기입니다.

이런 이야기를 꺼낼 수 있는 것은 기독교에는 다른 종교와 확연히 구별되는 점이 있기 때문입니다. 다른 종교에서 믿는 신은 인간에게 무관심하기 때문에 인간이 신을 찾아가 설득하고 감동시켜야 겨우 보상을 받을 수 있습니다. 반면, 기독교는 하나님으로부터 시작합니다. 하나님의 뜻이 우리의 소원이나 진심보다 우선합니다. 하나님이 인간보다 당연히 우선하십니다. 순서상 우선하시는 정도가 아닙니다. 선하신 하나님은 모든 존재의 주인이시고 가치와 운명을 정하시는 분입니다. 이것이 핵심입니다.

로마서에서 말하는 구원에 관한 이야기에서 우리를 혼란스럽게 하는 것은 '믿음'이라는 단어입니다. 로마서에 등장하는 '믿음'은 율법과 대조되며 또한 행위와 대조되는 것으로 쓰입니다. 믿음이란, 우리가 조건을 만들고 우리가 근거를 만들어야 하는 것과 대조되는 방식으로, 하나님이 조건을 만들고 하나님이 근거가 되신다는 점을 가리킵니다. 이것이 곧 '예수를 믿음으로 말미암는 하나님의 의'입니다.

그래서 로마서 5장 2절, "또한 그로 말미암아 우리가 믿음으로 서 있는 이 은혜에 들어감을 얻었으며 하나님의 영광을 바라고 즐거워하느니라"를 읽을 때, "내가 믿었으니 은혜에 들어가는구나"라고 생각하면 안 됩니다. 은혜를 받기 위해 조건이 필요하다면, 그것은 이미 은혜가 아닙니다. 우리가 조건을 충족시킨 다음에 받는 보상이 은혜라면, 로마서 4장에 나온 것처럼 그것은 삯이고 대가일 뿐, 은혜일 수 없습니다.

로마서 4장에서는 다윗의 고백을 인용하여 은혜를 설명합니다. 불법이 사함을 받고 죄를 용서받은 사람은 복이 있다고 한 다윗의 고백처럼, 죄를 용서받거나 일한 것이 없어도 무엇을 받는 것은 은혜입니다. 잘해야만 받을 수 있는 것을 잘못했는데도 받는 것이 은혜입니다. 그러니 '믿음으로 서 있는 이 은혜에 들어감을 얻었다'는 것은 예수로 말미암아 주어진 하나님의 능력과 의지로 우리가 구원받았다고 이야기하는 것입니다.

'그러므로'의 의미

7절을 다시 봅시다.

> 의인을 위하여 죽는 자가 쉽지 않고 선인을 위하여 용감히 죽는 자가 혹 있거니와 우리가 아직 죄인 되었을 때에 그리스도께서 우리를 위하여 죽으심으로 하나님께서 우리에 대한 자기의 사랑을 확증하셨느니라 (롬 5:7-8)

여기서 말하는 사랑은 무엇일까요. 원래 사랑이란 사랑을 베푸는 자에게 이유와 원인이 있는 것입니다. 사랑을 받는 자에게 이유와 원인이 있어야 하는 것이 아니라 사랑을 하는 자가 이유와 원인을 가져야 하는 것입니다. 그렇게 하나님이 우리를 사랑하십니다. 우리가 하나님을 모를 때, 우리가 그를 거역하여 반대편으로 갔을 때, 그분이 우리와 화해하셨습니다. 죄와 사망에서 꺼내시고 그를 외면한 우리를 당신의 품에 안으셨습니다. 그래서 5장 1절이 이렇게 말씀합니다.

> 그러므로 우리가 믿음으로 의롭다 하심을 받았으니 우리 주 예수 그리스도로 말미암아 하나님과 화평을 누리자 (롬 5:1)

여기서 '그러므로'는 어떤 의미의 '그러므로'입니까? 그 앞에 있는 4장 23절부터 봅시다.

> 그에게 의로 여겨졌다 기록된 것은 아브라함만 위한 것이 아니요 의로 여기심을 받을 우리도 위함이니 곧 예수 우리 주를 죽은 자 가운데서 살리신 이를 믿는 자니라 예수는 우리가 범죄한 것 때문에 내줌이 되고 또한 우리를 의롭다 하시기 위하여 살아나셨느니라(롬 4:23-25)

예수가 오셨고, 죽으셨고, 부활하셨습니다. 이런 일이 이미 일어나서 완료된 후에 등장한 '그러므로'입니다. 로마서 3장 21절에 나온 위대한 반전에서 비롯된 '그러므로'입니다. 모두의 입을 막고 모두를 심판 가운데에 가둔 채, 아무도 하나님의 진노에서 피할 수 없는 인류의 운명 앞에 무엇이 기다리고 있습니까? '그러나 이제는'으로 시작된 놀라운 반전이 기다리고 있습니다. '그러나 이제는 율법 외에 하나님의 한 의가 나타났'다고 선언하며 국면이 전환됩니다. '예수 그리스도를 믿음으로 말미암아 모든 믿는 자에게 미치는 하나님의 의'가 그것입니다. 역사와 인류와 인생과 운명의 주인이신 하나님이 먼저 하셨다는 것입니다. 그분이 일하시고 우리에게 그 열매를 베푸십니다. 하나님은 우리가 먼저 무엇을 해야만 비로소 반응하시는 소극적인 분이 아니십니다. 우리는 이 점을 자주 놓칩니다.

번복될 수 없는 신자의 운명

지금은 '예수 이후'의 시대입니다. 예수로 말미암아 역사가 예수 이전과 이후로 나뉩니다. 예수는 이미 오셨고 이미 죽으셨습니다. 이는 역사적 사실이라서 뒤집힐 수 없고 번복될 수 없으며 취소될 수 없습니다. 그러니 지금은 무엇을 할 때입니까? 누려야 할 때입니다. 단지 무엇을 해야만 하는 책임에만 얽매일 것이 아니라 누려야 합니다. 누리라고 주신 구원입니다.

그러면 당연히 이런 질문을 할 것입니다. "그렇다면, 마음대로 살아도 됩니까?" 그런데 이렇게 생각하는 것이 죄입니다. 좋은 조건을 주면 좋은 조건에서 죄를 짓고, 나쁜 조건을 주면 나쁜 조건을 탓하며 변명하는 것이 죄입니다. 하나님이 사랑하셔서 구원을 이미 베푸셨다고 하는데 우리는 무엇이 불편해서 이를 비꼬아 생각할까요? 왜 우리는 하나님이 내가 원하는 걸 안 해 주신다고 늘 불평할까요? 이미 더할 수 없이 좋은 것을 주셨는데 말입니다. 로마서 5장 3절 이하를 봅시다.

> 다만 이뿐 아니라 우리가 환난 중에도 즐거워하나니 이는 환난은 인내를, 인내는 연단을, 연단은 소망을 이루는 줄 앎이로다 소망이 우리를 부끄럽게 하지 아니함은 우리에게 주신 성령으로 말미암아 하나님의 사랑이 우리 마음에 부은 바 됨이니 우리가 아직 연약할 때에 기약대로 그리스도께서 경건하지 않은 자를 위하여 죽으셨도다 (롬 5:3–6)

하나님의 사랑이 이미 증명되었고 그 사랑이 우리에게 남김없이 쏟아 부어졌는데, 도대체 무엇이 겁이 납니까, 무슨 환난이 겁이 납니까, 무슨 고통이 겁이 납니까, 하고 묻는 말씀입니다. 물론 이 사랑이 왜 환난과 연단과 인내로 나타나는가에 대해서는 이제 더 풀어 가야 할 것입니다. 그러나 예수 안에서 이미 완료되고 결정된 우리의 운명을 알아야 합니다. 하나님이 당신의 선한 뜻을 이루시고야 만다, 사랑하시기에 우리를 내버려 두시지 않는다, 이 사실을 알아야 합니다.

그리하여 로마서 5장이 하고 싶은 이야기는 이것입니다. 우리는 하나님과 화목하게 되었다, 이제는 하나님의 영광을 바랄 수 있다, 현재에 대한 안심과 미래에 대한 확신이 비로소 생겨났다는 것입니다. 무엇을 근거로 그런 안심과 확신이 생깁니까? 하나님이 우리를 위해 예수를 이미 죽이고 살리신 과거로 말미암아, 완료된 그 사건으로 말미암아 우리가 확신과 평화를 누릴 수 있게 된 것입니다.

바울의 증언

성경은 이런 식으로 말하고 있으니, 바울을 말할 때도 그가 훌륭해서 사도가 되었다, 이렇게 우기지 마십시오. 바울 자신이 그렇지 않다고 하는데도 우리가 자꾸 우기는 것일지 모릅니다. 갈라디아서 1장에 가 봅시다. 바울의 서신서는 거의 이렇게 시작합니다.

> 사람들에게서 난 것도 아니요 사람으로 말미암은 것도 아니요 오직 예수 그리스도와 그를 죽은 자 가운데서 살리신 하나님 아버지로 말미암아 사도 된 바울은(갈 1:1)

여기에 바울의 헌신, 바울의 준비, 바울의 감동, 바울의 의지 같은 것은 하나도 들어 있지 않습니다. 언제나 수동형 문장입니다. 그는 붙잡힌 바 되고 세워지고 보냄을 받습니다. 전부 수동형입니다.

사도 바울은 아무런 조건도 없는 곳에서, 아니 정반대의 조건에서 하나님에게 붙잡힌 사람입니다. 바울은 살기가 등등해서 예수 믿는 자를 잡으려고 다메섹으로 가다가 예수님과 만납니다. 예수님이 "이놈!" 하며 바울에게 박치기를 해 버립니다. 그리고서는 아무런 설명이 없습니다. "당신은 누구십니까?" "나는 네가 핍박하는 예수다. 너는 이제부터 내 종으로 살아라." 그렇게 바울은 종이 된 것입니다. 얼마나 극적인 반전입니까. 바울에게 어느 한 올이라도 조건이 있었으며 준비가 있었습니까? 하나도 없었습니다.

하나님이 일하신다는데 왜 우리가 제한합니까. 우리야 못났고 또 못났습니다. 늘 못났습니다. 하지만 하나님은 우리를 놓지 않으십니다. 지금 그 이야기를 하는 것입니다. 이것이 '그러므로'입니다. "그러므로 우리가 믿음으로 의롭다 하심을 받았으니 우리 주 예수 그리스도로 말미암아 하나님과 화평을 누리자"입니다. 우리는 못났어도 하나님은 우리 아버지이십니다. 안 믿는 사람들은 모릅니다. 하나님은 우리 아버지이십니다. 그런데 무엇이 겁이 나십니까? 민망한들 어쩌겠습니까? "아버지!" 하고 다시 돌아오십시오. 어떤 아버지이십니까? 예수를 보낸 아버지이십니다.

하나님은 누구십니까? 무에서 유를 창조하시며 죽은 자를 살리시는 하나님입니다. 하나님의 영광이 어디에 나타났습니까? 십자가로 보이신 증거입니다. 당신이 만든 피조물들에게 와서 죽을 수 있는 사랑입니다. 로마서는 이 하나님, 전능하시지만 선하시고 긍휼이 풍성하신 하나님, 아버지라 부르도록 허락하신 하나님을 이야기하고 있습니다.

신자의 명예

이제 우리는 하나님의 영광을 힘입어 산다는 것이 무엇인지 알게 되었습니다. 전에는 없으면 안 된다고 고집하던 것을 이제는 손에서 놓을 수 있게 되었습니다. 답이 없는 길을 이제는 마치 즐거운 길을 걷는 것같이 걸을 수 있습니다. 억울함을 당하는 것, 열심히 노력했으나 보상이 없는 것을 감수할 수 있게 되었습니다.

신자의 명예는 어디에 있습니까? 이 세상이 이해할 수 없는 길을 가는 데에 우리의 명예가 있습니다. 무슨 설명을 한다 해도 세상은 알아듣지 못합니다. 은혜가 찾아오기까지, 눈이 열리기까지, 영혼이 살아나기까지 아무 말도 안 통합니다. 주께서 다시 오시기까지 우리가 누구인지, 예수의 죽으심이 무엇인지 세상은 알지 못합니다. 세상이 어떻게 알겠습니까? 우리는 다만 기다릴 뿐입니다. 세상은 지나가고 하나님 나라는 반드시 올 테니 늠름하게 살아가는 것입니다.

영광과 욕됨이라는 정반대의 평가를 받으며 악한 이름과 아름다운 이름으로 오해를 받으며, 속이는 자 같지만 진실로 참된 자로서 살아가는 것입니다. 사실 유명한 자이지만 무명한 자로 살아가야 할 수도 있습니다. 하나님이 기억하는 자녀인데 사는 형편을 보면 죽은 자같이 보일 수 있습니다. 아니, 늘 죽임을 당한다고 합니다. "저렇게 살면 망해"라는 길을 걸어가는 것이 신자입니다. 지고

양보하고 보복하지 않고 세상이 하는 식으로 싸우지 않고 빼앗아서 채우지 않는 것이 예수 안에서 하나님이 우리에게 주신 복입니다. 우리의 명예이고 영광입니다. 그러니 현실을 겁내지 마십시오. 이것이 평화와 영광으로 가는 길이라는 확신이 우리의 삶을 붙들게 하십시오. 그리하여 위대해지십시오.

질문하기

1.

기독교가 다른 종교와 확연히 구별되는 점은 무엇입니까?

2.

로마서 5장 1절의 '그러므로'는 어떤 의미의 '그러므로'입니까?

3.

신자의 명예는 어디에 있습니까?

나누기

전에는 없으면 안 된다고 고집하였으나 이제는 손에서 놓을 수 있게 된 것이 있다면 함께 나누어 봅시다.

06

순종, 답 없는 길을 걸으라

12 그러므로 한 사람으로 말미암아 죄가 세상에 들어오고 죄로 말미암아
사망이 들어왔나니 이와 같이 모든 사람이 죄를 지었으므로 사망이 모든
사람에게 이르렀느니라 **13** 죄가 율법 있기 전에도 세상에 있었으나 율법
이 없었을 때에는 죄를 죄로 여기지 아니하였느니라 **14** 그러나 아담으로
부터 모세까지 아담의 범죄와 같은 죄를 짓지 아니한 자들까지도 사망이
왕 노릇 하였나니 아담은 오실 자의 모형이라 **15** 그러나 이 은사는 그 범
죄와 같지 아니하니 곧 한 사람의 범죄를 인하여 많은 사람이 죽었은즉 더
욱 하나님의 은혜와 또한 한 사람 예수 그리스도의 은혜로 말미암은 선물
은 많은 사람에게 넘쳤느니라 **16** 또 이 선물은 범죄한 한 사람으로 말미
암은 것과 같지 아니하니 심판은 한 사람으로 말미암아 정죄에 이르렀으
나 은사는 많은 범죄로 말미암아 의롭다 하심에 이름이니라 **17** 한 사람
의 범죄로 말미암아 사망이 그 한 사람을 통하여 왕 노릇 하였은즉 더욱
은혜와 의의 선물을 넘치게 받는 자들은 한 분 예수 그리스도를 통하여 생
명 안에서 왕 노릇 하리로다 **18** 그런즉 한 범죄로 많은 사람이 정죄에 이
른 것 같이 한 의로운 행위로 말미암아 많은 사람이 의롭다 하심을 받아
생명에 이르렀느니라 **19** 한 사람이 순종하지 아니함으로 많은 사람이 죄
인 된 것 같이 한 사람이 순종하심으로 많은 사람이 의인이 되리라 **20** 율
법이 들어온 것은 범죄를 더하게 하려 함이라 그러나 죄가 더한 곳에 은혜
가 더욱 넘쳤나니 **21** 이는 죄가 사망 안에서 왕 노릇 한 것 같이 은혜도
또한 의로 말미암아 왕 노릇 하여 우리 주 예수 그리스도로 말미암아 영생
에 이르게 하려 함이라 (롬 5:12-21)

대표 원리

로마서 5장 12절에서 21절까지의 내용을 신학 용어로 '대표 원리'라고 합니다. 인류의 조상인 아담의 행위와 결정이 그의 모든 후손에게 영향을 미친 것같이, 둘째 아담 곧 하나님이 인류의 대표자로 세운 예수 그리스도로 말미암아 아담의 범죄로 인류에게 미친 비극과 멸망이 종식되고 그의 부활로 새로운 인류가 시작된다는 원리입니다.

대표 원리에서 가장 중요한 대비는 인류의 조상인 아담이 선악과를 따 먹어 생긴 범죄로 말미암아 들어온 사망을 뒤집으시기 위하여 하나님이 당신의 아들을 보내셨다는 사실에서 드러납니다. 하나님이 인간이 되어 세상 속에서 인생을 살고, 배척하는 자들에게 고난을 당해 가장 고통스러운 십자가에서 죽습니다. 아담으로 말미암아 들어온 죽음이라는 비극을 십자가에서의 죽음으로 뒤집어엎는 것입니다.

죽음을 맞을 수밖에 없는 자리로 떨어진 우리의 현실을 품기 위해서 인간의 몸으로까지 내려오신 예수를 확인하고, 예수의 죽음이 죽음 가운데 있는 우리를 역전시키기 위하여 죽음의 자리까지 따라 들어온 하나님의 행위인 것을 확인했다면, 아담에게서 일어난 일이 큰 것같이 죽음에까지 따라 내려와 우리를 역전시킨 하나님의 결정과 능력은 얼마나 큰 것인가를 비교해 볼 수 있습니다.

하나님은 세상과 역사의 주인이십니다. 아담의 범죄로 망가진 창조를 하나님이 회복하십니다. 인류를 전부 쓸어버린 후에 새로 만들지 않으시고 망가진 세상에 하나님이 뛰어들어 오셔서 상황을 역전시킵니다. 아담이 행한 죄가 모든 후손을 죽음에 이르게 할 만큼 큰 영향을 미친 것이라면, 이를 회복하기 위하여 하나님이 자기 아들을 인간으로 보내어 죽음을 뒤집으신 것은 얼마나 더 큰 영향을 미치겠는가, 그 전에 있던 모든 것을 바로잡기에 충분하지 않겠느냐, 하고 로마서가 복음을 증명하는 것입니다.

추상명사가 아닌 인격

하나님은 역사와 우주의 주인이십니다. 우리는 법과 규칙, 도덕과 윤리 같은 모호한 추상명사에 자주 기댑니다. '옳음과 그름', '믿음과 믿지 않음'같이 말입니다. 그러나 성경은 구원을 하나의 법칙으로서 제시하지 않습니다. 하나님은 인류를 구원하기 위해 어떤 법칙을 쓰지 않고 실제로 역사 속에 직접 쫓아 들어오셨습니다. 인격이 가지는 피와 눈물과 땀과 한숨과 찢어지는 가슴을 안고 우리에게 구체적으로 찾아오신 것입니다. 그런데 우리는 이 사실을 자꾸 놓칩니다. 하나님이 얼마나 신실하신가, 하나님이 얼마나 빈틈없이 신실하신가를 보여 주는 것이 구원입니다. 고린도후서 5장에 가 봅시다.

> 우리가 만일 미쳤어도 하나님을 위한 것이요 정신이 온전하여도 너희를 위한 것이니 그리스도의 사랑이 우리를 강권하시는도다 우리가 생각하건대 한 사람이 모든 사람을 대신하여 죽었은즉 모든 사람이 죽은 것이라 그가 모든 사람을 대신하여 죽으심은 살아 있는 자들로 하여금 다시는 그들 자신을 위하여 살지 않고 오직 그들을 대신하여 죽었다가 다시 살아나신 이를 위하여 살게 하려 함이라 (고후 5:13–15)

하나님의 사랑을 추상명사나 명분으로 이해해서는 안 됩니다. 하나님의 사랑과 간섭은 구체적입니다. 하나님은 말로만 설득하시거나 규칙을 제시하시거나 명분으로 강요하시는 분이 아닙니다. 오히려 직접 손을 내밀어 인류를 새로운 길로 끌고 가십니다. 아담이 지은 죄로 말미암아 묶인 모두를 죽음 속에 묻고, 모든 절망을 무덤에 묻고, 다시 밖으로 꺼내셔서 새로운 인류의 역사를 시작하십니다. 당신이 앞장서서 모두를 끌어안으십니다.

> 그러므로 우리가 이제부터는 어떤 사람도 육신을 따라 알지 아니하노라 비록 우리가 그리스도도 육신을 따라 알았으나 이제부터

는 그같이 알지 아니하노라 그런즉 누구든지 그리스도 안에 있으면 새로운 피조물이라 이전 것은 지나갔으니 보라 새 것이 되었도다(고후 5:16-17)

우리는 모두 죄인으로 태어나 아담이 내린 결정의 영향 아래에 있습니다. 이는 사실입니다. 로마서 5장에서 이것을 말하고 있습니다. 인류는 율법을 범한 대가로 죽은 것이 아니라 아담의 후손이기 때문에 죽었다, 무엇을 보면 아는가, 아담에서 모세까지 율법을 받기 전에도 사람들은 죽었다, 오늘날도 어린아이가 태어나서 무슨 행동을 하기도 전에 죄를 지을 틈이 없었는데도 죽는다, 이런 말은 모두 사실입니다. 논리 같은 것으로는 설명이 안 되는 사실입니다.

마찬가지로 하나님의 구원도 역시 사실입니다. 구원을 자꾸 원리로 만들고 규칙으로 규정하여 인격자이신 하나님을 무정한 법으로 대체해서는 안 됩니다. 기독교 신앙을 법이나 명분으로 대체하여 신앙과 인격자 하나님이 분리되는 순간 우리에게는 신앙생활을 잘한 자와 못한 자, 똑똑한 자와 미련한 자의 구별만 남습니다. 그렇게 비교해서는 안 됩니다. 하나님과 그의 사랑을 받는 우리, 곧 인격과 인격에 작용하는 것이 신앙입니다.

인격과 분리되어 신앙만 독립적으로 돌아다니면 무서운 현실이 벌어집니다. 끊임없이 자책하게 됩니다. 아무리 회개해도 도무지 안심이 되지 않습니다. 법 앞에 서 있고, 생각 없는 것 앞에 서 있기 때문에 그렇습니다.

예수를 믿는 것이 무엇인지 깊이 생각해 보아야 합니다. 하나님은 우리에게 누구십니까? 그는 창조주이십니다. 창조를 망가뜨린 인간의 결정을 엎기 위하여 당신의 아들을 보내십니다. 우리를 용서하고 우리가 저지른 모든 결과를 다 뒤집어쓰고 우리를 껴안다가 당신 자신이 피투성이가 된 하나님이십니다. 죽음을 감수하고 쫓아 들어와 역전시키는 하나님이십니다.

아담과 그의 행위가 역사적 사실이었듯이 예수와 그의 행위가 역사적 사실입니다. 그 이후로 계속 교회가 존재하며 예수를 믿는 사람이 존재합니다. 훌륭한 교인들은 몇 명 없었고, 못난 신자들은 매우 많았습니다. 그런데도 우리를 사랑하시는 분이 하나님이십니다. 약속하신 은혜와 발휘하신 능력의 동기를 하나님의 사랑이라고 표현하고 있습니다. 인격자가 계십니다. 자격과 조건을 넘어서는 것을 말하기 위하여 사랑이 있습니다.

은혜, 믿음, 능력, 이런 것을 종교의 명분으로 만들려고 하십니까? 우리가 가장 먼저 해야 할 것은 사랑입니다. 사랑이 무엇입니까? 사랑은 오랜 고통입니다. 이기심을 가지지 않고 무례히 행하지 않으며 기다려 주는 것입니다. 사랑은 모든 것을 믿고 바라고 참고 견디는 것입니다. 하나님이 그리하셨던 것처럼 하는 것입니다. 그분은 자신이 스스로 결과를 이루시고 그 결과를 우리에게 적용하여 우리의 눈물과 미련과 반항과 고집과 도망, 그 모든 것을 담으시는 분입니다. 그래서 먼저 십자가부터 박고 세우셔서 울타리를 치신 후에 우리를 자유롭게 풀어 놓으십니다. 이것이 기독교 신앙이며, 신자의 무한한 복입니다.

감수하며 사는 새로운 인생

다시 고린도후서 5장 17절 말씀을 살펴보겠습니다.

> 그런즉 누구든지 그리스도 안에 있으면 새로운 피조물이라 이전 것은 지나갔으니 보라 새것이 되었도다(고후 5:17)

이제 우리는 새로운 세상 속에 있다고 합니다. 어떤 세상입니까? 회복의 세상, 구원의 세상, 사랑의 세상입니다. 이전 것은 무엇입니까? 아담 안에 있던 세상입니다. 예수 안에 들어오면 아담 안에 있던 세상은 다 지나간 것입니다. 누가 이렇게 만들었습니까? 하나님이 만드셨습니다. 우리는 믿고 나서야 이 사실을 알게 됩니다.

그러니 우리는 아무도 육체대로 판단하지 않습니다. 하나님이 우주와 역사의 운명을 십자가로 세웠다는 것을 알기 때문에 우리는 타인을 정죄하지 않고 판단하지 않습니다. 하나님의 손에 있는 것에 대해서 우리는 잘 모르기 때문에 믿었다, 안 믿었다로 너무 쉽게 나누지 않습니다. 우리는 단지 기다릴 뿐입니다. 믿는 것은 복이며 영광입니다. 안 믿는 것은 하나님이 알아서 하실 것입니다.

그러니 믿는 자는 안 믿는 자와 달라야 합니다. 어떻게 달라야 합니까? 십자가를 세우신 하나님을 아는 실력을 갖는 것으로 달라야 합니다. 삶을 감수해야 합니다. 우리를 회복하시는 분은 하나님뿐이십니다. 우리는 스스로 회복할 능력이 없습니다. 우리에게는 회복된 자로서의 온유와 겸손이 있어야 합니다. 타인을 감수하고 살아야 합니다. 이 세상 속에서 하나님의 사람으로 살아야 합니다. 고린도후서 6장을 봅시다.

> 우리가 하나님과 함께 일하는 자로서 너희를 권하노니 하나님의 은혜를 헛되이 받지 말라 이르시되 내가 은혜 베풀 때에 너에게 듣고 구원의 날에 너를 도왔다 하셨으니 보라 지금은 은혜 받을 만한 때요 보라 지금은 구원의 날이로다 우리가 이 직분이 비방을 받지 않게 하려고 무엇에든지 아무에게도 거리끼지 않게 하고 오직 모든 일에 하나님의 일꾼으로 자천하여 많이 견디는 것과 환난과 궁핍과 고난과 매 맞음과 갇힘과 난동과 수고로움과 자지 못함과 먹지 못함 가운데서도 깨끗함과 지식과 오래 참음과 자비함과 성령의 감화와 거짓이 없는 사랑과 진리의 말씀과 하나님의 능력으로 의의 무기를 좌우에 가지고 영광과 욕됨으로 그러했으며 악한 이름과 아름다운 이름으로 그러했느니라 우리는 속이는 자 같으나 참되고 무명한 자 같으나 유명한 자요 죽은 자 같으나 보라 우리가 살아 있고 징계를 받는 자 같으나 죽임을 당하지 아니하고 근심하는 자 같으나 항상 기뻐하고 가난한 자 같으나 많은 사람을 부요하게 하고 아무 것도 없는 자 같으나 모든 것을 가진 자로다
> (고후 6:1-10)

우리는 때로는 영광의 모습으로, 때로는 욕됨의 모습으로 오해받을 수 있습니다. 세상은 우리가 누구인지 몰라서 그렇습니다. 다른 사람들이 우리를 오해할 뿐 아니라 우리도 우리 자신이 그렇게 보입니다. 하나님이 믿음의 길을 가게 하셨는데 이게 뭔가, 싶습니다. 여기에 있는 것들이 다 우리에게 적용됩니다.

하나님의 일하심을 아는 삶

하나님이 앞서서 일하신다는 것을 제대로 이해하면 인생을 순종할 수 있게 됩니다. 신앙생활은 순종입니다. 순종은 명분이나 덕목을 실천하는 것과는 다릅니다. 순종은 어떤 이상을 구현하는 추상명사가 아닙니다. 하나님이 창조주이심을 믿고, 우리의 인생을 통하여 하나님이 기쁘신 뜻을 이루실 것이라는 데에 우리의 생각과 소원을 두고, 자신을 맡기는 것이 순종입니다. 지금같이 이해할 수 없는 인생을 감수하는 것, 이것이 순종입니다. 고단하고 이해가 안 되는 길입니다. 그러나 하나님이 주도하는 인생이 백번 더 낫다고 믿는 것이 순종입니다. 하나님이 우리더러 가시밭길을 걸으라고 하시면 그 길도 걸을 수 있습니다. 지금 우리가 걷는 길, 우리가 처한 현실, 이 아무것도 아닌 길, 앞이 캄캄하고 답이 없는 길을 걸을 수 있는 것입니다.

그래도 이것 하나는 압니다. 하나님이 창조주이시고 우리를 위하여 당신의 아들을 보내셨다는 사실을 말입니다. 아담의 후손으로 태어나 죽는 것이 사실이듯 그것 또한 부정할 수 없는 현실이기 때문에 압니다. 우리가 예수를 알고 있다는 것, 이것은 사실입니다.

하지만 우리는 불안하니까 자꾸 묻습니다. 우리나라는 왜 이 모양, 이 꼴일까요? 이 말을 다른 말로 하면 하나님은 뭐하고 계시는가, 입니다. 어느 나라로 이민 가고 싶습니까? 캐나다로 가고 싶습니까? 호주로 가고 싶습니까? 어디로 보내 드릴까요? 달나라로 가고 싶습니까? 우리의 마음 맨 밑바닥에 무슨 걱정이 있습니까? 하나님은 왜 이렇게 아슬아슬하게 일하십니까, 좀 미리 보여 주시고 하시면 안 될까요, 나는 무엇입니까, 아무도 대답해 주지 않으니 저는 죽겠어요, 그러나 이것을 감수하는 것이 신앙입니다.

바울의 고백은 이것입니다. '죽어도 좋다, 내게 사는 것이 그리스도니 죽어도 유익하다, 하나님이 나의 죽음으로도 무엇을 하신다.' 바울은 어떻게 이런 이야기를 할 수 있었을까요? 그는 예수를 보았습니다. 그러니 무엇인들 감수하지 못하겠습니까. 그렇다고 결사적인 얼굴로 다니라는 뜻은 아닙니다.

담담하게 살아가십시오. 자기 자리에서 도망가지 마십시오. 영광과 욕됨으로 그리했다고 합니다. 하나님의 능력으로 산다고 합니다. 악한 이름과 아름다운 이름으로, 속이는 자 같으나 참되고, 무명한 자 같으나 유명한 자요, 죽은 자 같으나 살아 있고, 징계를 받는 자 같으나 죽임을 당하지 아니한다고 합니다.

우리는 죽지 않습니다. 그러니 살아 있어야 합니다. 하나님이 일하시기 때문입니다. 벌써 죽으면 안 됩니다. 아무것도 없는 자 같으나 모든 것을 가진 자입니다. 하나님이 우리 한 명 한 명에게서 그분의 모든 것을 부어 일하십니다. 그런데도 누가 부럽습니까? 바울이 부럽습니까, 칭기즈칸이 부럽습니까, 도대체 누가 부러우며 무엇이 부럽습니까, 이는 하나님을 얕잡아 보는 것입니다. '내 은혜가 네게 족하도다'는 도대체 어디로 갔습니까?

질문하기

1.

'대표 원리'를 설명해 봅시다.

2.

하나님은 인류를 구원하기 위하여 법칙을 쓰는 대신 무엇을 하셨습니까?

3.

순종이란 무엇입니까?

나누기

인격과 분리되어 신앙만 독립적으로 돌아다니는 것을 본 적이 있다면 나누어 봅시다.

07

현재,
돌이킬 수 없는
지금

1 그런즉 우리가 무슨 말을 하리요 은혜를 더하게 하려고 죄에 거하겠느
냐 2 그럴 수 없느니라 죄에 대하여 죽은 우리가 어찌 그 가운데 더 살리
요 3 무릇 그리스도 예수와 합하여 세례를 받은 우리는 그의 죽으심과 합
하여 세례를 받은 줄을 알지 못하느냐 4 그러므로 우리가 그의 죽으심과
합하여 세례를 받음으로 그와 함께 장사되었나니 이는 아버지의 영광으로
말미암아 그리스도를 죽은 자 가운데서 살리심과 같이 우리로 또한 새 생
명 가운데서 행하게 하려 함이라 5 만일 우리가 그의 죽으심과 같은 모양
으로 연합한 자가 되었으면 또한 그의 부활과 같은 모양으로 연합한 자도
되리라 6 우리가 알거니와 우리의 옛 사람이 예수와 함께 십자가에 못 박
힌 것은 죄의 몸이 죽어 다시는 우리가 죄에게 종 노릇 하지 아니하려 함
이니 7 이는 죽은 자가 죄에서 벗어나 의롭다 하심을 얻었음이라 8 만일
우리가 그리스도와 함께 죽었으면 또한 그와 함께 살 줄을 믿노니 9 이는
그리스도께서 죽은 자 가운데서 살아나셨으매 다시 죽지 아니하시고 사망
이 다시 그를 주장하지 못할 줄을 앎이로라 10 그가 죽으심은 죄에 대하
여 단번에 죽으심이요 그가 살아 계심은 하나님께 대하여 살아 계심이니
11 이와 같이 너희도 너희 자신을 죄에 대하여는 죽은 자요 그리스도 예
수 안에서 하나님께 대하여는 살아 있는 자로 여길지어다 12 그러므로 너
희는 죄가 너희 죽을 몸을 지배하지 못하게 하여 몸의 사욕에 순종하지 말
고 13 또한 너희 지체를 불의의 무기로 죄에게 내주지 말고 오직 너희 자
신을 죽은 자 가운데서 다시 살아난 자 같이 하나님께 드리며 너희 지체를
의의 무기로 하나님께 드리라 14 죄가 너희를 주장하지 못하리니 이는
너희가 법 아래에 있지 아니하고 은혜 아래에 있음이라 (롬 6:1-14)

그럴 수 없느니라

로마서 6장 1절은 '은혜를 더하게 하려고 죄에 거하겠느냐'라는 질문으로 시작합니다. 5장 20절의 '율법이 들어온 것은 범죄를 더하게 하려 함이라 그러나 죄가 더한 곳에 은혜가 더욱 넘쳤'다는 말을 받아 6장 1절에서 이렇게 질문한 것입니다. 이에 대해 바울은 '그럴 수 없느니라'라고 분명하게 답합니다.

죄가 넘친 곳에 은혜가 더욱 넘쳤다는 말씀은 하나님이 예수 안에서 이루신 구원이 우리가 저지른 모든 죄를 뒤엎어 회복하고 만회할 만큼 크다는 뜻입니다. 그런데 이 구절은 요즘 흔히 사용하는 '무한 리필' 같은 의미로 오해되곤 합니다. 먹고 잔을 비우면 또 채워 주는 것처럼 죄를 계속 지으면 은혜를 계속 채워 줄 것 아니냐는 고약한 질문입니다. 이에 사도 바울은 펄쩍 뛰면서 은혜를 더하게 하려고 죄를 더하다니 말도 안 된다, 이는 너희가 '넘치는 은혜'라는 말의 뜻을 오해하기 때문이다, 은혜가 정말 무엇인지 너희가 모르기 때문이다, 라고 말합니다.

은혜란 지우개같이 죄를 지우는 물건이거나 존재했던 것을 없었던 것으로 소각해 버리는 장치가 아닙니다. 성경이 제시하는 은혜는 그런 것들과는 전혀 다릅니다. 이를 이해하기 위해서 출애굽기 19장으로 가 봅시다.

> 이스라엘 자손이 애굽 땅을 떠난 지 삼 개월이 되던 날 그들이 시내 광야에 이르니라 그들이 르비딤을 떠나 시내 광야에 이르러 그 광야에 장막을 치되 이스라엘이 거기 산 앞에 장막을 치니라 모세가 하나님 앞에 올라가니 여호와께서 산에서 그를 불러 말씀하시되 너는 이같이 야곱의 집에 말하고 이스라엘 자손들에게 말하라 내가 애굽 사람에게 어떻게 행하였음과 내가 어떻게 독수리 날개로 너희를 업어 내게로 인도하였음을 너희가 보았느니라 세계가 다 내게 속하였나니 너희가 내 말을 잘 듣고 내 언약을 지키면 너희는 모든 민족 중에서 내 소유가 되겠고 너희가 내게 대하여 제사장 나라가 되며 거룩한 백성이 되리라 너는 이 말을 이스라엘 자손에게 전할지니라 (출 19:1-6)

출애굽기 19장 5절에 나온 '너희가 내 말을 잘 듣고 내 언약을 지키면'이라는 말씀은 오해하기 쉬운 구절입니다. 이 구절은 조건을 내걸고 있는 것이 아닙니다. 이스라엘 백성이 이제는 하나님의 말씀을 듣고 언약을 지키는 일이 가능하게 된 현실을 설명하는 것입니다. 이것은 이스라엘 백성이 이제야 비로소 하나님을 순종할 수 있는 자리에 왔다는 선언이며, 종 되었던 곳에서 지리적으로나 시간적으로 벗어났다는 선언입니다. 드디어 이스라엘 백성이 자유인이 된 것입니다. 이스라엘 백성을 종전과 동일한 장소와 시간에 놓고 "너희 이제 어떻게 할래?"라고 묻는 것이 아닙니다.

우리가 구원을 논할 때에 이 시간 순서를 염두에 두지 않으면 잘한 사람과 못한 사람, 옳음과 그름으로 자꾸 나누어 생각하게 됩니다. 마찬가지로 은혜를 논할 때에도 자꾸 이런 식의 구별에 근거해서 이분법적으로 생각하게 됩니다. 은혜란 지리적으로 볼 때는 애굽에서 약속의 땅으로 옮겨진 것을 말하며, 시간적으로 볼 때는 종 되었던 과거에서 해방된 현재로 온 것을 말합니다. 죽을 수밖에 없는, 비참한 운명에 있던 삶을 정리하고 끝장을 내어 새롭게 열린 현재입니다. 은혜가 말하는 현재는 과거가 누적되어 생긴 결과가 아닙니다.

돌아갈 수 없어서 복된 자리

로마서 6장을 이해하기 위해 먼저 5장 1절을 봅시다.

> 그러므로 우리가 믿음으로 의롭다 하심을 받았으니 우리 주 예수 그리스도로 말미암아 하나님과 화평을 누리자 (롬 5:1)

우리는 모두 예수 그리스도로 말미암아 의롭다 하심을 받았습니다. 이 일은 완료형으로 되어 있습니다. 예수로 말미암아 과거가 해결

되어 지금은 하나님과 화목한 자리에 있습니다. 이미 얻었으니 이제는 누리자고 합니다. 이것이 현재입니다. 계속해서 2절을 봅시다.

> 또한 그로 말미암아 우리가 믿음으로 서 있는 이 은혜에 들어감을 얻었으며 하나님의 영광을 바라고 즐거워하느니라 (롬 5:2)

2절은 '또한 그로 말미암아 우리가 믿음으로 서 있는 이 은혜에 들어감을 얻었으며'라고 하여, 이미 은혜 속에 들어간 현실을 완료형으로 표현했습니다. 지금 이 은혜에 들어와 있는 것입니다. 이어지는 말씀에서는 '하나님의 영광을 바라고 즐거워하'는 현재를 이야기합니다. 여기서 바라는 '하나님의 영광'은 미래에 속한 것입니다. 하나님의 영광의 완성은 미래에 이루어질 일입니다. 현재는 예수로 말미암아 새로 시작된 복된 백성의 자리를 누리는 때입니다. 로마서가 이 부분에 대해서 얼마나 정확하게 설명하는지 봅시다. 5장 9절입니다.

> 그러면 이제 우리가 그의 피로 말미암아 의롭다 하심을 받았으니 더욱 그로 말미암아 진노하심에서 구원을 받을 것이니 (롬 5:9)

여기서도 앞부분, '그러면 이제 우리가 그의 피로 말미암아 의롭다 하심을 받았으니'는 완료 시제로 표현되어 있습니다. 이어지는 '더욱 그로 말미암아 진노하심에서 구원을 받을 것이니'는 미래에 일어날 일에 대한 묘사입니다. 그렇다면 우리는 지금 어느 선상에 놓여 있습니까? 하나님이 당신의 목적을 우리에게 이루시기 위해 펼치시는 그분의 의지와 능력과 약속 속에 우리가 놓여 있다고 합니다. 우리에게 무슨 일이 일어났습니까? 하나님 없이 살던 필멸의 자리에서 벗어났습니다. 예수 안에서 하나님이 하신 것입니다. 그래서 지금은 하나님과 화목하게 된 자리에 있습니다. 하나님의 영광을 소망으로 바라보는 자리입니다. 그러니 믿음으로 살자고 합니다.

6장 8절의 "만일 우리가 그리스도와 함께 죽었으면 또한 그와 함께 살 줄을 믿노니"라는 말씀도 바로 그런 의미입니다. 예수께서 죽음으로 끝날 우리의 자리에 뛰어들어 오셔서 우리와 함께 죽음을 나누셨고 우리의 과거를 끝내셨다면, 그의 부활에 우리도 묶여 살아날 것이 아닌가, 하는 것입니다. 이것이 그리스도가 하신 일입니다. 우리를 위하여 죽고, 우리를 위하여 살아나셨습니다. 죽음이 끝이고 죽음으로 끝날 수밖에 없는 우리의 자리에 예수께서 들어오셔서 우리의 죽음에 동참하신 것입니다.

왜 그렇게 하셨을까요? 우리를 당신과 묶기 위해서입니다. 당신의 살아나심으로 우리를 일으키려고 그렇게 하신 것입니다. 8절에서 말하듯 그리스도와 함께 죽었으면 또한 그와 함께 살 것이라 믿는 이유는 9절에 나옵니다. '그리스도께서 죽은 자 가운데서 살아나셨으매 다시 죽지 아니하시고 사망이 다시 그를 주장하지 못할 줄' 알기 때문입니다. 죽음으로 끝나는 죄 많은 세상은 죽으면 그것으로 영향력이 끝납니다. 죽으면 죄가 더 이상 영향을 못 미치기 때문입니다. 10절을 봅시다.

> 그가 죽으심은 죄에 대하여 단번에 죽으심이요 그가 살아 계심은 하나님께 대하여 살아 계심이니 (롬 6:10)

죄에 대해서는 죽었기 때문에 죄와의 관계는 없어졌습니다. 따라서 죄와 관계를 맺을 수가 없습니다. 내가 죽어 버렸기 때문입니다. 죽었던 내가 다시 살아나서 예수로 말미암은 새 종족이 되자 하나님과 화목하게 된 자가 됩니다. 우리가 예수 안에 있기 때문입니다.

> 그가 살아 계심은 하나님께 대하여 살아 계심이니 이와 같이 너희도 너희 자신을 죄에 대하여는 죽은 자요 그리스도 예수 안에서 하나님께 대하여는 살아 있는 자로 여길지어다(롬 6:10하–11)

바로 여기가 우리의 과거와 현재와 미래가 설명되는 부분입니다. 마치 시간이 그렇게 흘러온 것처럼 은혜가 우리를 과거에서 현재로 옮겨 왔고, 현재에서 저 약속된 미래를 향하여 또한 옮길 것입니다. 시간을 되돌릴 수 없는 것같이 은혜도 되돌릴 수가 없습니다.

그러므로 우리가 머무는 현재란 미래를 향해 있는, 하나님이 일하시는 과정에 있는 현재이기 때문에 방심하지 말라고 말씀합니다. 이것이 빌립보서에서는 '두렵고 떨림으로 너희 구원을 이루라'라는 권면으로 나타나게 됩니다. 이제 우리의 현재를 아시겠습니까?

누적되고 채워지는 현재

우리는 현재를 불안해합니다. 자신의 모습을 살피며 늘 잘했다, 못했다는 기준만 들이댑니다. 이런 우리에게 성경은 말씀합니다. "좋다. 네가 그렇게 어리석게 말해도 좋다. 그러나 시간은 되돌릴 수 없다." 참으로 고마운 말씀입니다. 네 맘껏 옛날을 추억해 보아라, 회고해 보아라, 후회해 보아라, 원망해 보아라, 너희가 아무리 그래 봤자 돌아가지 못한다, 이것이 은혜입니다. 시간 속에서 일어난 일이기 때문에 돌이킬 수가 없습니다. 우리의 못난 것 때문에 시간이 역행하지 않습니다.

얼마나 다행입니까. 예수 안에서 얻은 구원을 제대로 누리지 못하고 늘 원망하고 늘 다른 것으로 자신을 확인하는 바람에 안심과 불안, 자랑과 수치밖에는 왕복할 자리가 없는 한심한 인생인데도 우리는 구원 이전으로 돌아갈 수 없습니다. 그런 과거로 돌아가지 못합니다. 이것이 기독교입니다. 우리가 얼마나 이해했는가, 얼마나 충성했는가, 얼마나 많이 감사했는가, 이는 다음 문제입니다.

하나님이 일하고 계시다고 하면, 우리는 꼭 "그럼, 내가 뭐 할 게 있나요?"라고 되묻습니다. 이렇게 반문하는 것에 대한 엄중한 대답이 바로 로마서 6장입니다. 은혜가 얼마나 무서운 것인 줄 알라, 네가 과거를 돌아보고 울고 버틸 때에도 하나님은 너를 끌고 가신다는 것을 기억하라, 해마다 나이를 먹는다, 나이를 세어 보아 육십 세가 넘거든 이제는 그만 칭얼대라, 이렇게 말씀하시는 것입니다.

하나님의 일하심의 엄정함과 신실함을 인생에서 확인하지 못한다면 그 인생은 정말 헛된 것입니다. 이런 확인은 특별한 경험이나 기적으로만 할 수 있는 것이 아닙니다. 살면서 누적되는 인생의 무게와 영혼의 깊은 갈증에 대해 답하시는 하나님을 만날 수 없고 이해할 수 없다면, 인생은 정말 허무합니다. 인생이 다만 쳇바퀴를 도는 것이라면 어떤 깨달음, 어떤 기쁨, 어떤 우연과 해프닝에 삶의 모든 가치를 부여할 수밖에 없습니다.

그러나 기독교 세계관은 우리를 그렇게 가르치지 않습니다. 창조에서 심판까지 하나님이 지으시고 목적하시고 채우시는 현재가 있습니다. 이 세계관은 우연이나 체념에 모든 것을 떠맡기는 것이 아니라 모든 것을 감싸서 더 나아가는 것입니다. 눈물과 실패를 가지고도 일하시는 하나님이라는 것을 잊지 마십시오. 용서가 있고 회복이 있고 기적이 있고 하나님의 기뻐하심이라는 방점이 찍힐 때까지 놓아두시지 않는 하나님이 계십니다. '예수를 믿는다'는 고백은 "말씀이 육신이 되어 우리 가운데 거하시매 우리가 그의 영광을 보니 하나님의 독생자의 영광이요 은혜와 진리가 충만하더라"라는 구절에서 보듯이 시간과 공간에서 구체적으로 역사하시는 하나님의 일하심을 알게 되었다는 뜻입니다.

하나님이 예수로 오신 것은 번복할 수 없는 과거입니다. 말구유에 태어나 삼십 세가 되어 공생애를 시작하기까지 아무것도 아닌 자로 살았던 것을 생각해 보십시오. 하나님의 영광을 벗어던지고 한 인생으로 오셔서 오해와 고난과 질시를 감수하며 하나님의 뜻을 순종으로 이루신 것을 보십시오. 그렇게 예수는 죽고 살아나셨습니다. 이 엄정성을 기억하십시오.

특히 예수께서 우리를 구원하기 위하여 성육신하신 것이 우리의 삶을 통해 연장됩니다. 하나님의 구원은 시간적으로는 이미 끝났지만 개인의 현실과 실존 속에서는 지금도 적용되고 있습니다. 우리가 그렇게 구원을 받았고 우리가 우리 이웃들에게로 가 그들에게도 이 구원이 적용됩니다. 어떤 이웃에게로 갑니까? 나와 같은 그 이웃입니다.

성공했으면 성공한 자 옆에, 실패했으면 실패한 자 옆에, 잘난 척

한 사람은 잘난 척하는 자 옆에, 억울하면 억울한 자 옆에 보냄을 받습니다. 그것 없이는 이웃이 될 수가 없습니다. 같은 처지를 겪어 보지 않은 자가 할 수 있는 것은 대부분 동정이거나 원망에 불과합니다. 그러면 이웃이 될 수 없습니다. 우리가 이게 뭔가, 하고 한숨 짓는 자리가 하나님이 일하시는 자리입니다. 우리의 인생이 오해와 수난 속에 살고 있듯이 꼭 그렇게 예수님이 사셨다는 것을 기억하셔야 합니다.

내가 서 있는 자리를 수용하기 바랍니다. 거기서 현재를 살아가십시오. 과거에 무엇을 했으며, 지금 무엇을 하고 있고, 장차 어디로 갈 것인가를 아는 자의 늠름함과 넉넉함을 가지십시오. 그때 이런 것을 갖고 있었더라면, 그때 이걸 했더라면, 이런 후회와 가정은 모두 버리고 각자의 구체적인 인격과 생애를 동원하여 하나님의 사람으로 살아가기 바랍니다. 하나님이 우리에게 기적을 보이실 것입니다.

질문하기

1.

죄가 넘친 곳에 은혜가 더욱 넘쳤다는 말씀은 무슨 뜻입니까?

2.

예수께서 죽으시고 부활하신 이유는 무엇입니까?

3.

우리가 머무는 현재는 어떤 현재이기에 방심하지 말아야 합니까?

나누기

나와 같은 처지에 있는 이웃들 중, 복음을 전하기 원하는 사람을 서로 소개하고 함께 기도합시다.

08

은혜,
위대하게 살도록
허락받은 기회

12 그러므로 너희는 죄가 너희 죽을 몸을 지배하지 못하게 하여 몸의 사
욕에 순종하지 말고 **13** 또한 너희 지체를 불의의 무기로 죄에게 내주
지 말고 오직 너희 자신을 죽은 자 가운데서 다시 살아난 자 같이 하나
님께 드리며 너희 지체를 의의 무기로 하나님께 드리라 **14** 죄가 너희
를 주장하지 못하리니 이는 너희가 법 아래에 있지 아니하고 은혜 아래
에 있음이라 **15** 그런즉 어찌하리요 우리가 법 아래에 있지 아니하고 은
혜 아래에 있으니 죄를 지으리요 그럴 수 없느니라 **16** 너희 자신을 종
으로 내주어 누구에게 순종하든지 그 순종함을 받는 자의 종이 되는 줄
을 너희가 알지 못하느냐 혹은 죄의 종으로 사망에 이르고 혹은 순종
의 종으로 의에 이르느니라 **17** 하나님께 감사하리로다 너희가 본래 죄
의 종이더니 너희에게 전하여 준 바 교훈의 본을 마음으로 순종하여
18 죄로부터 해방되어 의에게 종이 되었느니라 **19** 너희 육신이 연약하므
로 내가 사람의 예대로 말하노니 전에 너희가 너희 지체를 부정과 불법에
내주어 불법에 이른 것 같이 이제는 너희 지체를 의에게 종으로 내주어 거
룩함에 이르라 **20** 너희가 죄의 종이 되었을 때에는 의에 대하여 자유로
웠느니라 **21** 너희가 그 때에 무슨 열매를 얻었느냐 이제는 너희가 그 일
을 부끄러워하나니 이는 그 마지막이 사망임이라 **22** 그러나 이제는 너희
가 죄로부터 해방되고 하나님께 종이 되어 거룩함에 이르는 열매를 맺었
으니 그 마지막은 영생이라 **23** 죄의 삯은 사망이요 하나님의 은사는 그
리스도 예수 우리 주 안에 있는 영생이니라 (롬 6:12-23)

은혜에 대한 더 깊은 이해

구원을 은혜라고 하는 것은 하나님이 우리에게 자격과 조건을 요구하시지 않고 그분의 신실하심과 자비하심과 능력으로 우리를 구원하셨기 때문입니다. 이처럼 은혜라는 말 속에는 잘못을 용서받았다는 내용이 담겨 있습니다. 그러나 이것만으로 은혜를 충분히 이해하게 되는 것은 아닙니다. 로마서 5장과 6장에 나온 대로 죄를 지으면 또 용서해 줄 것 아니냐, 죄를 더하면 은혜가 더욱 넘칠 것 아니냐, 하는 식의 오해가 이어지기 때문입니다. 은혜가 어떤 것인지 성경을 따라가 봅시다.

스스로 책임지는 사울의 인생

은혜를 이해하기 위한 가장 좋은 예는 사울과 다윗의 인생에 대한 사무엘서의 대조에서 발견할 수 있습니다. 이스라엘의 초대 왕이었던 사울은 준수한 외모에 힘이 아주 센 장사로, 정치력을 비롯하여 왕에게 필요한 모든 조건을 다 갖춘 자였습니다. 그러나 그는 결국에는 망하는 길로 들어섭니다. 다윗이 골리앗을 물리쳐 이스라엘을 구하자 사울은 이 일에 크게 시험을 받습니다.

다윗에 대한 백성들의 칭송을 듣자 사울은 시험에 듭니다. 자기보다 더 큰 인물이 등장한 것입니다. 자기의 삶뿐만 아니라 모든 것의 주인이고자 했던 사울은 욕심과 허영 때문에 녹아 버립니다. 더욱이 사울은 악귀가 들어 발작하고 자신을 위해 연주하는 다윗을 향하여 창을 수차례 던지기도 합니다. 결국 다윗은 생명을 보존하기 위하여 이리저리 도망치게 됩니다.

다윗을 찾아내어 죽이려고 혈안이 된 사울은 다윗이 엔게디 광야에 숨어 있다는 제보를 받고서 부하들을 이끌고 그곳으로 수색에 나섭니다. 그러던 중 사울은 어느 동굴에 들어가 잠시 일을 보는데 이 동굴에는 다윗과 그의 추종자들이 이미 들어와 잠복해 있습니다. 다윗은 사울을 죽일 기회를 얻게 됩니다. 다윗의 측근들이 모두 "지금이 기회입니다. 사울을 죽이십시오. 이미 하나님이 당신을 기름 부어 왕으로 삼으셨습니다. 사울은 하나님이 이미 버리셨습니다"라며 다윗을 재촉하지만 그는 이 제안을 거부합니다. 사울의 옷자락만 조금 베었을 뿐입니다.

굴에서 나온 사울에게 다윗은 외칩니다. "사울 왕이여, 무고한 나를 왜 죽이려고 하십니까? 저는 왕을 죽일 수 있었으나 그리하지 않았습니다. 여기 보소서. 저는 왕의 옷자락을 베었을 뿐입니다. 당신은 하나님이 기름 부어 세운 왕이기 때문입니다. 그러니 왕이여, 분노와 적개심을 버리고 돌아가십시오." 다윗의 이 말을 듣고는 사울이 소리를 높여 웁니다. "네가 다윗이냐, 내 아들 다윗이냐, 내가 잘못했다" 하며 돌아갑니다.

이것으로 끝이 아닙니다. 좀 지나자 사울의 분노는 되살아나고 사울은 다윗을 죽이려고 하길라 산으로 갑니다. 이때도 역시 사울은 많은 부하들을 이끌고 왔는데 이는 이스라엘이 블레셋과 다시 전쟁 중이었기 때문입니다. 사울이 많은 군사를 이끌고 와서 진을 치고 밤에 잠이 듭니다. 다윗은 그의 동료들과 함께 모두가 잠든 진중을 뚫고 들어가 사울 왕 곁에까지 갑니다. 사울을 죽이라는 동료들의 요구를 다윗은 또 거절하고 창과 물병을 들고 나옵니다.

다음 날이 되자 다윗은 또 큰 소리로 외칩니다. "왕이여, 보소서. 당신의 부하들이 당신을 지키지 못했습니다. 내가 당신 곁에까지 가서 당신을 죽일 수 있었으나 그리하지 않았습니다. 이 창과 물병을 보십시오." 이 말을 듣고 사울은 부끄러워합니다. "미안하다. 내가 어리석었다." 그리고는 다시 돌아섭니다. 그렇게 돌아서서 블레셋과의 전투에 나간 사울의 최후가 사무엘상 31장에 다음과 같이 기록되어 있습니다.

> 블레셋 사람들이 이스라엘을 치매 이스라엘 사람들이 블레셋 사람들 앞에서 도망하여 길보아 산에서 엎드러져 죽으니라 블레셋 사람들이 사울과 그의 아들들을 추격하여 사울의 아들 요나단과

> 아비나답과 말기수아를 죽이니라 사울이 패전하매 활 쏘는 자가 따라잡으니 사울이 그 활 쏘는 자에게 중상을 입은지라 그가 무기를 든 자에게 이르되 네 칼을 빼어 그것으로 나를 찌르라 할례 받지 않은 자들이 와서 나를 찌르고 모욕할까 두려워하노라 하나 무기를 든 자가 심히 두려워하여 감히 행하지 아니하는지라 이에 사울이 자기의 칼을 뽑아서 그 위에 엎드러지매 무기를 든 자가 사울이 죽음을 보고 자기도 자기 칼 위에 엎드러져 그와 함께 죽으니라 사울과 그의 세 아들과 무기를 든 자와 그의 모든 사람이 다 그 날에 함께 죽었더라 (삼상 31:1–6)

사울의 생애는 이렇게 끝이 납니다. 욕심이 있고 소원은 있으나, 자신의 인생을 승리로 끌어갈 실력은 없는 한 인간의 비극적인 삶을 성경은 사울을 통해 이렇게 보여 줍니다.

은혜가 세우는 다윗의 인생

사울과 대조하여 다윗의 삶은 어떠했을까요? 다윗과 사울에게도 공통점이 있습니다. 둘 다 울 수밖에 없는 현실을 살아간다는 사실입니다. 사무엘상 30장 1절을 봅시다.

> 다윗과 그의 사람들이 사흘 만에 시글락에 이른 때에 아말렉 사람들이 이미 네겝과 시글락을 침노하였는데 그들이 시글락을 쳐서 불사르고 거기에 있는 젊거나 늙은 여인들은 한 사람도 죽이지 아

니하고 다 사로잡아 끌고 자기 길을 갔더라 다윗과 그의 사람들이 성읍에 이르러 본즉 성읍이 불탔고 자기들의 아내와 자녀들이 사로잡혔는지라 다윗과 그와 함께 한 백성이 울 기력이 없도록 소리를 높여 울었더라 (다윗의 두 아내 이스르엘 여인 아히노암과 갈멜 사람 나발의 아내였던 아비가일도 사로잡혔더라) 백성들이 자녀들 때문에 마음이 슬퍼서 다윗을 돌로 치자 하니 다윗이 크게 다급하였으나 그의 하나님 여호와를 힘입고 용기를 얻었더라 (삼상 30:1-6)

다윗의 울음도 사울의 울음과 같습니다. 사울이 그러했듯이 다윗도 현실을 극복할 힘이 없는 자신의 한계에 대해 더 이상 울 기력이 없을 만큼 웁니다. 사람이 우는 것은 단지 고통 때문만은 아닙니다. 이해할 수 없는 하나님의 일하심 때문에 웁니다.

다윗은 골리앗을 죽여 국민적 영웅이 됩니다. 사울이 그를 시기하는 것도 어떤 면에서는 이해가 됩니다. 하지만 다윗은 사울에 대하여 활 한 번 쏘지 않고 그 어떤 적대행위도 하지 않습니다. 이런 다윗의 행동은 놀라울 뿐입니다.

그럼에도 그는 결국 블레셋까지 도망칠 수밖에 없는 처지에 놓입니다. 블레셋은 우리 한국 사람의 정서로 이해하자면 일본쯤 해당하는 나라입니다. 한국과 일본이 전쟁 중인데 일본으로 도망갔다고 생각하면 쉽습니다. 있을 수 없는 일입니다. 현해탄에 빠져 죽는 한이 있어도 일본으로는 가고 싶지 않을 것입니다. 하지만 마음이 그렇다고 해도 현실은 다릅니다. 다윗인들 블레셋으로 가고 싶었겠습니까? 그러나 그는 더 이상 이스라엘에 있을 수 없어서 블레셋까지 몰려간 것입니다. 이것이 다윗의 현실입니다.

이런 현실에 대하여 다윗은 우는 것입니다. 하나님, 그 큰 영광과 명예를 주신 당신께서 어찌하여 나를 이토록 부끄러운 자리로 떠밀어서 이렇게까지 답이 없이 살게 하십니까? 이것이 다윗의 통곡에서 가장 중요한 내용입니다. 다윗은 하나님이 원망스럽습니다.

그런데 성경에서 말하는 다윗과 사울의 놀라운 대조가 여기 있습니다. 사울은 끝 간 데 없는 황폐함 속에 방황하며 쇠락의 길을 걷습니다. 결국에는 어쩌지 못하는 인생의 무게와 운명에 그의 삶이 묻혀 버립니다. 그러나 다윗은 그의 삶이 거기에 묻히지 않도록 하나님이 붙잡고 계십니다. 하나님이 다윗의 형편을 바꿔 놓으셔서 그가 평탄한 길로만 갈 수 있도록 인도해 주신 것이 아닙니다. 그 눈물의 자리에서 죽음으로 가는 길을 막고 그를 붙드신 것입니다.

사울은 전쟁터에서 결국 자결했지만 다윗은 돌이킵니다. 다윗이 어떤 마음을 먹고, 어떤 결심 속에 돌아선 것인지 우리는 모릅니다. 이것이 핵심은 아닙니다. 다윗이 죽지 못해 돌이켰다는 것이 핵심입니다. 절벽에서 뛰어내리면 돌바닥이 물로 변하고 칼로 찌르면 칼이 부러지고 머리를 부딪히면 벽이 무너지고 그래서 할 수 없이 살게 된 것입니다. 이것이 바로 은혜입니다.

은혜란 무엇인가

은혜란 하나님의 통치 아래 머물도록 우리를 회복하는 것입니다. 하나님의 능력과 자비와 복 주심의 보호 아래로 들어오는 것입니다. 잘못한 것을 용서해 주는 것보다 더 큰 일입니다. 잘했다, 잘못했다, 하는 구별로는 알아볼 수 없는 일을 담고 있습니다. 잘못한 것을 용서해 주는 것보다 더 큰, 하나님의 복 주심과 영광의 자리로 들어오게 하는 것입니다.

하나님이 그렇게 하십니다. 너희가 나를 위하여 할 수 있는 일이란 없다, 처음 너희를 만들 때부터 내가 너희에게 하려고 하는 일이 있을 뿐이다, 그것은 너희가 나의 영광이 되는 것이다, 나는 이 일을 포기할 수 없다, 내가 예수 안에서 이 일을 구체적으로 시행했다, 너희는 이것을 보아라, 이것이 바로 성경이 말하는 은혜이며 구원입니다. 그래서 다윗은 이렇게 고백합니다. 사무엘하 7장을 봅시다.

> 다윗 왕이 여호와 앞에 들어가 앉아서 이르되 주 여호와여 나는 누구이오며 내 집은 무엇이기에 나를 여기까지 이르게 하셨나이까 주 여호와여 주께서 이것을 오히려 적게 여기시고 또 종의 집에 있을 먼 장래의 일까지도 말씀하셨나이다 주 여호와여 이것이 사람의 법이니이다 주 여호와는 주의 종을 아시오니 다윗이 다시 주께 무슨 말씀을 하오리이까 주의 말씀으로 말미암아 주의 뜻대로 이 모든 큰 일을 행하사 주의 종에게 알게 하셨나이다 (삼하 7:18–21)

이것이 은혜를 아는 자의 고백입니다. 하나님이 이 일을 행하셨고 우리에게 이 길을 허락하셨으니 하나님의 뜻이 이루어지길 원합니다, 내가 그 길을 가겠습니다, 라는 것입니다.

은혜는 지위이며 기회입니다. 하나님의 자녀라는 이름으로 존재하는 기회인 것입니다. 죄가 우리를 주장하지 못하며 우리가 율법 아래 있지 않기 때문에 우리의 운명은 사망으로 끝나지 않을 것입니다. 실패로 끝나지 않을 것입니다. 실패하는 일이 생길 수는 있지만 그것 때문에 인생이 끝장나지 않는다는 기회를 허락받은 것입니다. 그리하여 우리는 우리의 삶을 마음껏 위대하게 살 수 있게 된 것입니다. 위대하게 살 지위와 기회를 허락받았습니다.

그러니 로마서 본문은 너희 자신을 누구에게 바쳐야 하는가를 생각하라고 합니다. 죄 짓지 말라는 정도의 권면이 아닙니다. 너희 인생이 얼마나 영광스러운 기회를 받았는지 알아라, 그러니 한번 멋지게 살아 보라는 말씀입니다.

은혜의 시대를 살라

갈라디아서 5장은 이렇게 이야기합니다.

> 오직 성령의 열매는 사랑과 희락과 화평과 오래 참음과 자비와 양선과 충성과 온유와 절제니 이같은 것을 금지할 법이 없느니라(갈 5:22-23)

이 말씀은 성공하라는 이야기가 아닙니다. 실패하라는 이야기도 물론 아닙니다. 성공이 무엇을 만드는가 보십시오. 우리는 가진 자입니까, 지식을 가졌습니까, 돈을 가졌습니까, 명예를 가졌습니까, 권력을 가졌습니까?

사실 성공이 전부인 사람은 누구를 잡는 것밖에는 하지 못합니다. 경쟁자를 처치하는 것밖에는 할 게 없습니다. 모든 국력을 동원하여 다윗을 잡는 일에 혈안이 된 사울처럼 말입니다. 그러니 우리의 성공이 옆 사람에게 은혜가 되게 하십시오. 눈 좀 부릅뜨지 마시고 자기 할 일 하십시오. 우리 옆에 사는 사람이 우리를 만나면 살맛이 나도록 행동하십시오. 잘났으면 잘나게 구십시오. 거기서 멋있게 구십시오. 성공이 전부가 아님을 아는 인생을 사십시오.

못났으면 후회하고 부끄러워해야 합니다. 하지만 부끄러운 것이 끝이 아니게 하십시오. 부끄러워서 자결하는 것은 안 됩니다. 이는 정말 못난 것입니다. 부끄러움이 성공 못지않은 조건이 될 수 있다는 것을 알아야 합니다.

우리를 비롯한 많은 사람들은 대개 사울같이 살아갑니다. 자기보다 나은 사람이나 혹은 자기와 경쟁이 될 사람을 처치하기 위해 애를 쓰거나 또는 자기의 유익을 위해 힘없는 사람을 잡느라고 세월을 다 보냅니다. 이는 그 사람이 실상은 죽었다는 증거입니다.

성경은 이렇게 말합니다. 죽이고 죽는 것은 끝났다, 예수 안에서 끝났다, 그러니 너희가 이제까지 어떻게 살았는가 보라, 그때는 성공해도 망했고 실패해도 망했다, 너희가 너희 자신을 죄에게 주었을 때 무슨 열매가 있었느냐, 죽음밖에 없지 않았느냐, 그러나 이제는 다르다, 지금은 은혜의 시대라는 것입니다. 이어지는 말씀을 봅시다.

> 그리스도 예수의 사람들은 육체와 함께 그 정욕과 탐심을 십자가에 못 박았느니라 만일 우리가 성령으로 살면 또한 성령으로 행할지니 헛된 영광을 구하여 서로 노엽게 하거나 서로 투기하지 말지

니라(갈 5:24-26)

이 말씀은 도덕성을 말하고 있지 않습니다. 그것보다 큰 이야기입니다. 우리의 운명이 바뀌고 신분이 바뀌었다는 것입니다. 성령으로 산다는 것은 무슨 뜻입니까? 성령은 예수가 죽고 부활해서 드디어 오신 분입니다. 성령은 능력이나 경험이 아닙니다. 예수께서 하신 일에 대해 지금도 우리에게 생생한 증언을 하시는 분입니다. 우리는 그런 성령과 함께 살며 그분과 함께 행하는 존재입니다.

그러니 자기 인생을 사십시오. 위대하게 사십시오. 사사롭고 조그마한 것에 붙잡혀서 그저 밤낮 후회나 하고 안심이나 하려 들고 경쟁이나 하고 성질이나 부리고 원망이나 하는 그런 삶을 살지 마십시오. 자신의 삶이 귀하다는 것을 기억하고, 예수 안에서 주신 기적과 자랑을 삶으로 드러내 펼치십시오. 그렇게 예수 믿는 명예를 누리기를 바랍니다.

질문하기

1.

성경이 사울을 통하여 보여 주는 인생은 어떤 모습입니까?

2.

다윗도 눈물의 자리에 서지만 죽음으로 가는 길에 들어서지 않은 이유는 무엇입니까?

3.

은혜는 우리에게 어떤 지위와 기회를 줍니까?

나누기

우리의 운명과 신분이 바뀌었습니다. 어떤 상황에서 이 자랑을 스스로 확인하고 증거할 수 있을지 나누어 봅시다.

09

죽으심, 사망에 대한 사망 선고

1 형제들아 내가 법 아는 자들에게 말하노니 너희는 그 법이 사람이 살 동
안만 그를 주관하는 줄 알지 못하느냐 **2** 남편 있는 여인이 그 남편 생전
에는 법으로 그에게 매인 바 되나 만일 그 남편이 죽으면 남편의 법에서
벗어나느니라 **3** 그러므로 만일 그 남편 생전에 다른 남자에게 가면 음녀
라 그러나 만일 남편이 죽으면 그 법에서 자유롭게 되나니 다른 남자에게
갈지라도 음녀가 되지 아니하느니라 **4** 그러므로 내 형제들아 너희도 그
리스도의 몸으로 말미암아 율법에 대하여 죽임을 당하였으니 이는 다른
이 곧 죽은 자 가운데서 살아나신 이에게 가서 우리가 하나님을 위하여 열
매를 맺게 하려 함이라 **5** 우리가 육신에 있을 때에는 율법으로 말미암는
죄의 정욕이 우리 지체 중에 역사하여 우리로 사망을 위하여 열매를 맺게
하였더니 **6** 이제는 우리가 얽매였던 것에 대하여 죽었으므로 율법에서
벗어났으니 이러므로 우리가 영의 새로운 것으로 섬길 것이요 율법 조문
의 묵은 것으로 아니할지니라 (롬 7:1–6)

부재에서 임재로

로마서 7장에서 바울은 하나님이 예수 안에서 하신 일이 무엇인지에 대해 더 분명하게 설명하기 위해 뜻밖의 비유를 들고 있습니다. 남편이 죽으면 부인은 남편에 대해서 자유롭게 됩니다. 남편에 대한 의무에서 벗어나는 것입니다.

우리에게 권세를 휘둘렀던 그 죄가 죽어 버렸다는 7장의 비유는 우리가 죄에 대해서 죽었다는 6장의 이야기에 이어지고 있습니다. 로마서 6장에서 강조하는 것은 예수와 우리의 연합입니다. 예수와 함께 죽고 예수와 함께 살았다는 말씀에서 드러나듯이 '함께'라는 말이 거듭 강조됩니다. 예수의 죽음이 우리의 죽음이고 예수의 부활이 우리의 부활이라는 것입니다. 여기서 로마서 6장 6절을 다시 보겠습니다.

> 우리가 알거니와 우리의 옛 사람이 예수와 함께 십자가에 못 박힌 것은 죄의 몸이 죽어 다시는 우리가 죄에게 종 노릇 하지 아니하려 함이니 (롬 6:6)

이 구절을 앞에서 살펴본 남편과 아내의 비유에 대입하여 생각해 봅시다. 예수와 함께 죽기 전에는 어떤 상태에 있었던 것일까요? 죄가 남편이고 우리의 옛 사람이 아내라고 비유될 수 있는 상태였습니다. 그러면 예수의 죽으심으로 누가 죽게 된 것일까요? 남편인 죄와 아내인 옛 사람 중 누가 죽었습니까? 옛 사람이 죽은 것입니다.

아내가 죽으면 남편에 대한 아내의 책임도 없어진다, 그러니 우리가 예수와 함께 죽으면 우리는 죄한테 아무 책임이 없다고 이야기하는 것입니다. 그래서 11절에 이런 결론이 등장합니다.

> 이와 같이 너희도 너희 자신을 죄에 대하여는 죽은 자요 그리스도 예수 안에서 하나님께 대하여는 살아 있는 자로 여길지어다 (롬 6:11)

죽어 버린 우리는 이제 하나님에게만 책임이 있게 되었습니다. 이제 우리는 죄와는 아무 상관도 없게 된 것입니다.

죄란 무엇입니까? 하나님 없음이 죄입니다. 인간은 스스로 하나님 없음을 선택했습니다. 그렇게 인간이 하나님의 통치를 거부하고 하나님의 보호와 복에서 벗어나고 이탈하자 사망이 찾아옵니다. 하나님만이 생명을 만드시고 보존하시고 채우시고 영광스럽게 하실 수 있기 때문입니다. 하나님의 생명으로부터 공급이 끊기면 부패가 시작됩니다. 우리는 이 부패를 도덕적 현상에서 많이 확인합니다.

하지만 부패는 도덕성의 싸움이기 이전에, 마치 냉장고에 전기가 끊겨서 음식이 썩는 것과 같습니다. 문제는 음식에서가 아니라 전기의 전원이 끊긴 데서 시작되는 것입니다.

이런 부패의 상황에 예수께서 오셔서 죄를 없애셨습니다. 죄를 없애심으로 하나님이 인간을 회복시키신 것입니다. 하나님의 부재를 하나님 자신이 걷어치우심으로 회복하시는 것입니다.

요한복음 1장처럼 빛이 어두움에 찾아온 것입니다. '빛이 어두움에 비췄으되'입니다. 성경의 예언대로 예수는 임마누엘 곧 '하나님이 우리와 함께 하심'입니다. 그리하여 부재를 없애십니다. 부재의 자리에 하나님이 친히 오셨는데 어떻게 그 자리가 하나님이 계시지 않은 곳이 될 수 있겠습니까? 인간은 하나님에게서 고개를 돌렸으나, 고개를 돌린 바로 그곳에 하나님이 찾아들어 오신 것입니다. 우리와 함께 묶여 사망의 자리, 부재가 만들어 낸 운명, 부재의 권세, 부재의 결국에 따라 들어오셨습니다.

임재와 임재의 주인을 부재가 부정할 수 없습니다. 임재의 주인을 부재가 이길 수 없습니다. 그렇게 사망은 예수를 잡아 둘 수 없었습니다. 부재가 결국 예수로 말미암아 충만한 하나님의 임재로 바뀌어 버렸기 때문입니다. 예수님이 부재의 자리에 찾아와 사망의 운명에 있는 우리의 자리, 곧 죽음의 자리에 이르자 사망이 손을 놓고 도망갈 수밖에 없게 된 것입니다.

예수는 죽으심으로 사망의 권세 잡은 자를 멸하셨습니다. 그래서 예수와 함께 죽은 우리는 죄에 대하여 죽게 되었습니다. 우리는 예수와 연합하여 죄가 만들어 낸 궁극의 자리인 사망에 이미 들어갔습니다. 남편이 죽으면 아내가 더 이상 남편에게 책임이 없듯이, 우리 또한 죄에 대해서 책임이 없어지게 된 것입니다. 우리와 죄의 관계는 그렇게 끝났습니다. 죄의 권세는 사라졌습니다. 그리고 우리는 예수와 함께 부활했습니다. 이것이 구원입니다.

로마서는 이 모든 일을 예수께서 이미 이천 년 전에 이루셨다고 합니다. 하나님이 우리의 죽음의 자리까지 함께하셨기에 우리가 하나님의 임재 속에 살게 되었으니 더 이상 죄 아래 종노릇하지 말라고 합니다. 이제는 하나님이 사망 권세를 꺾어 허락하신 다른 삶을 살라는 것입니다. 이에 대한 좋은 예를 성경에서 찾아보겠습니다. 바로 출애굽 사건입니다.

설 자리를 잃게 된 죄

출애굽 사건의 배경에는 애굽과 그 정권 아래에서 노예로 신음하던 히브리인들이 있습니다. 하나님이 히브리인을 구원하러 오셔서 바로에게 당신의 백성을 해방하라고 하십니다. 바로는 그럴 수 없다고 합니다. 하나님이 열 가지 재앙을 내리시자 바로는 할 수 없이 손을 놓게 되고, 이스라엘 백성은 홍해 앞으로 인도됩니다. 그런데 마음이 바뀐 바로가 군사들을 동원하여 그들을 뒤쫓습니다. 이제 이스라엘 백성은 앞에는 홍해가 있고, 뒤에는 그 당시 세상에서 가장 강력한 권세를 지닌 이가 추격해 오는 진퇴양난에 놓입니다. 이때 하나님이 홍해를 갈라서 이스라엘 백성을 구출하십니다.

홍해를 갈라서 구출하신 것은 무슨 뜻입니까? 애굽 쪽에서 보면 자기네 종들이 홍해에서 다 빠져 죽은 것과 마찬가지가 된 것입니다. 죽었으니 이들은 애굽에 대해서 더 이상 어떤 책임도 질 수 없게 됩니다. 애굽은 이스라엘 사람들에 대해서 모든 권리를 잃게 됩니다. 홍해에서 이스라엘 백성이 다 죽은 것같이 되었기 때문입니다.

이와 같이 예수가 우리를 대신하여 죽으심으로 사망의 권세에 붙잡혀 있던 우리의 인생을 끝내신 것입니다. 애굽에 대한 이스라엘 백성의 책임, 애굽의 권세 아래에서 신음하던 모든 사정이 끝이 난 것입니다. 그러나 건너편 시내 광야에서 보면, 이스라엘 백성은 물에서 육지로 다시 나옵니다. 새로운 종족이 시작되는 것입니다. 너희는 이제 애굽에 있지 않고 약속의 땅에 있다, 이렇게 이야기하는 것이 출애굽입니다.

하나 더 이야기하면, 애굽은 자기네들의 힘을 유지해 주었던 노예들을 전부 다 잃게 됩니다. 그들이 다 홍해에 가서 죽어 버렸기 때문입니다. 그래서 애굽은 망하게 됩니다. 그들이 따라 들어와 홍해에서 죽은 것은 그런 의미를 지닙니다. 죄가 더 이상 권세를 가지지 못하는 것은 죄가 부릴 백성이 없기 때문입니다. 그렇게 죄도 죽습니다.

죄란 무엇이라고 했습니까? 하나님 없음, 곧 하나님의 부재입니다. 그런데 하나님이 우리가 거부한 그 자리까지 쫓아 들어오심으로 부재를 다 걷어치우자, 하나님 없는 곳에서, 하나님을 외면한 자들 앞에서 힘을 쓰던 권세가 사라지게 된 것입니다. 죄는 더 이상 설 자리를 잃게 되어 없어집니다. 로마서 6장에서는 계속 이 이야기를 하고 있습니다. 12절부터 보겠습니다.

그러므로 너희는 죄가 너희 죽을 몸을 지배하지 못하게 하여 몸의

> 사욕에 순종하지 말고 또한 너희 지체를 불의의 무기로 죄에게 내주지 말고 오직 너희 자신을 죽은 자 가운데서 다시 살아난 자 같이 하나님께 드리며 너희 지체를 의의 무기로 하나님께 드리라 죄가 너희를 주장하지 못하리니 이는 너희가 법 아래에 있지 아니하고 은혜 아래에 있음이라 (롬 6:12–14)

너희는 살아난 자이니 자신을 불의의 무기로 죄에게 내주지 말라고 말씀합니다. 자신을 죄에게 내주지 말라는 명령은 너희가 살아난 자라는 사실에 근거하고 있다는 점을 눈여겨봅시다.

신자의 멋진 삶

이제 우리 모두에게 7장 4절이 결론으로 주어집니다.

> 그러므로 내 형제들아 너희도 그리스도의 몸으로 말미암아 율법에 대하여 죽임을 당하였으니 이는 다른 이 곧 죽은 자 가운데서 살아나신 이에게 가서 우리가 하나님을 위하여 열매를 맺게 하려 함이라 (롬 7:4)

이제는 멋지게 사는 일만 남았습니다. 인생이 쉬워지고 만사형통하게 되었다는 의미가 아닙니다. 로마서의 절정에 해당하는 표현이 12장 1절에 등장합니다.

> 그러므로 형제들아 내가 하나님의 모든 자비하심으로 너희를 권하노니 너희 몸을 하나님이 기뻐하시는 거룩한 산 제물로 드리라 이는 너희가 드릴 영적 예배니라(롬 12:1)

너희 몸을 산 제물로 드리라고 합니다. 여기서 '산 제물'이란 살아 있느냐, 죽었느냐의 개념으로 이해되는 산 제물이 아닙니다. 너희의 살아가는 삶을 제물로 드리라는 것입니다.

우리의 삶을, 하나님을 알고 그분의 통치를 아는 자로서 살아 내야 합니다. 우리 삶에는 죄의 뿌리가 아직 뽑히지 않은 채 신자를 위협하고 유혹하는 이 세상의 현실과 하나님이 우리를 당신의 자녀로 부른 현실이 중첩되어 있습니다. 만사형통하고 고민할 필요가 없는 삶 속에서가 아니라, 아직도 자기가 주인인 것같이 굴며 우리를 속이는 세상 속에서 하나님의 자녀로 사는 것이 얼마나 위대한 삶인지, 우리에게 준 영광이 무엇인지 알아야 합니다.

영화 〈타이타닉〉(Titanic, 1997)에 이런 장면이 등장합니다. 배가 침몰할 때 구명정이 모자라서 남자들은 거의 타지 못합니다. 이제는 죽을 수밖에 없다는 사실을 깨달았을 때, 잘 차려입은 연주자 넷이 나와 찬송가 〈내 주를 가까이하게 함은〉을 현악사중주로 멋있게 연주했습니다. 더 이상 연주할 수 없을 때까지 말입니다. 이 장면은 우리에게 어떤 도전을 줍니다. 그냥 멋있기만 한 것이 아닙니다. 우리에게 닥치는 어떤 것도 예수 안에서 약속된 것을 침해하거나 손상할 수 없다는 것을 아는 사람이 낼 수 있는 멋을 보여 주고 있습니다. 일부러 그런 자리에 찾아가서 쇼하라는 것이 아닙니다. 우리의 삶에 사망의 그늘이 늘 습격해 옵니다. 그 안에서 우리가 빛과 생명으로 살아 우리가 누구이며 하나님이 무엇을 하셨으며 또 무엇을 하고 계시는가를 증명하는 삶을 살라는 것입니다. 이것이 멋진 삶입니다.

삶은 멋지고 위대한 것이라는 생각을 해야 합니다. 우리를 하나님에게 드리고 죄에게 넘겨주지 않는 싸움을 해야 합니다. 실패하거나 혹 넘어지더라도 그것으로 끝이 아니라는 것을 알고 일어나야 합니다. 우리에게 부끄럽고 고통스러운 일이 있습니까? 그것을 안고 일어나야 합니다. 그래야 멋진 신자입니다.

각자의 인생을 살기 바랍니다. 눈물 나고 한숨 쉬는 인생을 사십시오. 그 인생 속에서 하나님이 우리 안에 만드는 것이 얼마나 굉장한 것인지, 자기 아들을 보내어 피 흘려 몸 찢겨 만들었다는 그 깊이와 놀라움이 어쩌나 큰 것인지 깨달아 하나님의 일하심을 각자의 인생에 구체적으로 채우십시오. 하나님이 우리에게 베푸신 인생의 귀한 것을 확인하게 될 것입니다. 다른 사람이 격려해 줄 필요가 없습니다. 세상에 대해 확인해 달라고 요구할 필요도 없습니다. 털 깎는 자 앞에 기꺼이 잠잠한 양같이, 주께서 걸어가신 길을 우리도 갈 수 있게 될 것입니다. 그 길을 그렇게 걸어가 얻게 되는 깊고 따뜻한 눈빛을 갖게 되기를 권합니다.

질문하기

1.

죄란 무엇입니까?

2.

신자의 삶에서 죄가 더 이상 설 자리를 잃게 된 이유는 무엇입니까?

3.

신자의 삶에 중첩되어 있는 두 현실은 무엇입니까?

나누기

교우들 가운데 타이타닉 호의 연주자들처럼 행동하는 모습을 본 적이 있다면 나누어 봅시다.

10

율법,
인격이신 하나님이
주신 것

7 그런즉 우리가 무슨 말을 하리요 율법이 죄냐 그럴 수 없느니
라 율법으로 말미암지 않고는 내가 죄를 알지 못하였으니 곧 율
법이 탐내지 말라 하지 아니하였더라면 내가 탐심을 알지 못하
였으리라 **8** 그러나 죄가 기회를 타서 계명으로 말미암아 내 속에
서 온갖 탐심을 이루었나니 이는 율법이 없으면 죄가 죽은 것임이라
9 전에 율법을 깨닫지 못했을 때에는 내가 살았더니 계명이 이르매 죄는
살아나고 나는 죽었도다 **10** 생명에 이르게 할 그 계명이 내게 대하여 도
리어 사망에 이르게 하는 것이 되었도다 **11** 죄가 기회를 타서 계명으로
말미암아 나를 속이고 그것으로 나를 죽였는지라 **12** 이로 보건대 율법은
거룩하고 계명도 거룩하고 의로우며 선하도다 **13** 그런즉 선한 것이 내게
사망이 되었느냐 그럴 수 없느니라 오직 죄가 죄로 드러나기 위하여 선한
그것으로 말미암아 나를 죽게 만들었으니 이는 계명으로 말미암아 죄로
심히 죄 되게 하려 함이라 (롬 7:7–13)

경기를 위해 존재하는 규칙

본문은 율법에 관한 것입니다. 기독교 신앙이 말하는 구원을 제대로 이해하려면 죄, 율법, 은혜에 대해 잘 알아야 합니다. 어떤 면에서 영생이나 구원에 대한 이해는 상대적으로 쉽습니다. 그런데 죄와 율법과 은혜에 대한 이해는 소홀히 취급되기도 하고, 많이 왜곡되기도 합니다. 그래서인지 사도 바울은 죄, 율법, 은혜를 따로 다루고 있습니다.

본문에서 가장 중요한 말씀인 10절을 보면 '생명에 이르게 할 그 계명이 내게 대하여 도리어 사망에 이르게 하는 것이 되었'다고 합니다. 법은 우리가 잘 알다시피 옳고 그른 것을 구별하게 해 주는 어떤 눈금이자 경계입니다.

법이나 규칙은 경기장이나 경기 규칙에 비유해 볼 수 있습니다. 예를 들어 축구장을 생각해 보십시오. 축구장은 가로 100에서 110

미터, 세로 45에서 90미터로 된 큰 규모의 운동장입니다. 이렇게 선을 그어서 선 밖으로 공이 나가면 아웃이 됩니다. 공을 다시 안으로 넣어야 경기할 수 있습니다. 그것이 없으면 태평양에다 대고 공을 차는 것처럼 되어 버려서 경기할 수 없기 때문입니다. 그러니 축구장의 크기는 경기를 그 안에서 하라는 것으로, 한계인 동시에 어떤 의미에서는 경기를 구성하는 무대가 됩니다. 골대를 보십시오. 골 안에 공을 차 넣는 것은 공간을 제한하는 것이 아니라 축구 경기를 할 수 있도록 만드는 조건입니다. 경기 내내 줄을 넘었느냐, 안 넘었느냐를 따지고만 있다면 축구는 재미없어지고 말 것입니다.

또 테니스 경기를 생각해 보십시오. 우선 네트가 있습니다. 그리고 테니스 코트를 형성하는 사이드 라인(side line)과 엔드 라인(end line)이 있는데 만일 이런 네트와 라인이 없어서 공을 아무데나 쳐서 보낼 수 있다고 하면 운동경기로서의 테니스는 성립되지 않습니다. 테니스는 네트를 넘고 라인 안에 공을 떨어뜨리면서도 상대가 못 받게 해야 이기는 경기입니다. 그렇게 해야 경기가 됩니다. 골프의 경우도 마찬가지입니다. 골프를 치다가 공이 물에 빠지거나 공을 잃어버리면 벌점을 먹습니다. 그런데 이런 규칙은 벌을 주는 데에 목적이 있는 것이 아니라 경기를 계속할 수 있게 해 주는 것입니다. 벌점은 먹고 경기를 계속해라, 그것입니다.

법칙보다 크신 하나님의 일하심

이런 율법을 주신 이는 어떤 분일까요? 이사야 42장에 가면 기독교의 깊이를 이렇게 잘 설명해 놓은 본문을 만나게 됩니다.

> 내가 붙드는 나의 종, 내 마음에 기뻐하는 자 곧 내가 택한 사람을 보라 내가 나의 영을 그에게 주었은즉 그가 이방에 정의를 베풀리라 그는 외치지 아니하며 목소리를 높이지 아니하며 그 소리를 거리에 들리게 하지 아니하며 상한 갈대를 꺾지 아니하며 꺼져가는 등불을 끄지 아니하고 진실로 정의를 시행할 것이며 그는 쇠하지 아니하며 낙담하지 아니하고 세상에 정의를 세우기에 이르리니 섬들이 그 교훈을 앙망하리라 (사 42:1–4)

내가 메시아를 보내겠다, 내가 인류를 구원하고 그 일을 이루고 말겠다고 하나님이 말씀하십니다. 그런데 이 일을 무엇으로 이루십니까? 내가 붙드는 나의 종, 내 마음에 기뻐하는 자 곧 내가 택한 사람을 보라고 하십니다. 즉 인격이 등장하는 것입니다. 인격은 법과 다른 존재입니다. 법은 중립이라서 정이 없습니다. 그저 무정한 규칙일 뿐입니다. 이 법을 어디에 어떻게 써야 하는지 법 자체는 알려주지 않습니다. 법 자체는 의도도 감정도 없기 때문입니다.

그러나 하나님은 인격으로 일하십니다. 우리의 존재와 우리의 운명을 결정하시고 우주와 역사에 목적을 가지신 이가 인격으로 일하시는 것입니다. 그 인격의 가장 대표적인 성정이 '자비롭고 은혜롭고 노하기를 더디하고 인자와 진실이 많은 하나님이라'(출 34:6)

라는 말씀에서 잘 드러납니다. 이 점을 놓치면, 인격적이신 하나님이 주신 율법이 인격과 성품에서 벗어나 언제나 사람을 잡는 무기가 될 뿐입니다. 생명을 다루지 못하고 생명에 장애가 되며 생명을 해치게 됩니다.

한편, 법에는 무슨 의지가 있습니까? 그냥 종이에 쓴 글에 불과합니다. 우리가 진심, 사랑, 믿음, 의로움과 같은 명분을 내세워서 거기에 매달리기 시작하면 기독교는 망합니다. 율법 자체가 아니라 율법으로 자신을 드러내신 하나님을 보아야 합니다. 우리를 만드시고 찾아오시고 구원하시며 우리의 운명을 선언하시는 이가 인격자라는 것을 알아야 합니다.

율법을 만드신 분이 도덕성을 갖고 있다는 것이 율법이 드러내는 중요한 내용입니다. 그러나 하나님의 성품은 다만 도덕이나 법칙에 불과한 것이 아닙니다. 예수님은 다만 옳고 그름을 나누기 위해 이 땅에 오시지 않았습니다. "하나님이 세상을 이처럼 사랑하사 독생자를 주셨으니 이는 그를 믿는 자마다 멸망하지 않고 영생을 얻게 하려 하심이라"(요 3:16)에 이어지는 그다음 절이 중요합니다. "하나님이 그 아들을 세상에 보내신 것은 세상을 심판하려 하심이 아니요, 그로 말미암아 세상이 구원을 받게 하려 하심이라"(요3:17). 율법을 주신 이는 바로 이런 하나님, 이런 인격자라는 것을 기억해야 합니다.

하나님이 누구신지를 분명하게 깨닫지 못하면, 하나님을 대신하여 헌신, 사랑, 감격 같은 것들이 우리를 붙잡고 늘어집니다. 마치 신앙의 궁극적인 목적인 양 행세합니다. 그리하여 우리의 신앙을 그토록 놀라운 하나님의 넓이와 깊이에 도달하지 못하게 합니다.

사실 예수를 믿는 자의 가장 중요한 특징은 넉넉함이어야 합니다. 집에 가면 모든 것이 해결됩니다. 더러워진 옷을 빨아 줄 것이요, 고픈 배를 채워 줄 것이요, 내가 무엇을 잘못했다고 실토하면 부모님이 해결해 주실 것입니다. 그처럼 우리에게는 우리 주 예수 그리스도로 말미암아 이김을 주시는 하나님이 계십니다. 우리의 필요를 스스로 채우지 않고 하나님으로부터 받습니다. 이것이 기독교입니다. 그렇다면 대강 살아도 되겠다고요? 그럴 수는 없습니다.

원칙을 넘어 위대함의 자리로

히브리서 12장에서는 '그가 받아들이시는 아들마다 채찍질하심이라'라고 말씀합니다. 자기 자식을 징계하지 않는 아버지를 보았느냐, 징계하지 않으면 사생자요, 자식이 아니라고 합니다. 허클베리 핀이 톰 소여보다 훨씬 편하게 사는 것처럼 보입니다. 톰 소여는 학교를 안 가는 허클베리 핀을 매우 부러워합니다.

이제 우리는 스스로에게 철이 들었는가 아닌가, 물어야 합니다. 우리는 모든 경기에서 이겨야 하고 모든 순간에 우위에 서야 한다고 믿는 바람에, 명분이나 명예나 지위나 권력이나 우월함 같은 데에 붙잡혀서 하나님이 누구시고 구원이 무엇이고 그 안에 있는 부요함이 무엇인지를 놓치고 살아갑니다. 우리는 매번 우리의 현실을 원하는 소원대로 조종하려 하고 조작하려 하고 장악하려 합니다. 두려움 때문에 그렇습니다.

그러나 한 개인의 영혼에게 필요한 유익은 외형적 조건에 결단코 붙잡혀 있지 않습니다. 하나님이 은혜를 베푸시면 어느 경우에도 유익을 봅니다. 하나님이 다만 법대로만 집행하는 심판자에 불과하다면 은혜를 베푸는 일이란 불가능할 것입니다. 그분이 은혜롭고 자비롭고 노하기를 더디 하고 인자와 진실이 풍성하신 인격자라야 가능한 일입니다.

다만 원칙을 지키면 그만이다, 원칙이란 아무래도 좋아, 라는 식으로 이해될 수 없는 이유입니다. 하나님이 인격자이시기 때문입니다. 하나님은 당신이 의로우시고 거룩하시다는 사실을 우리가 알기를 원하십니다. 그것이 우리의 복과 명예입니다. 하나님은 당신의 모든 의지를 동원하여 성실하심과 긍휼하심과 기다리심과 용서와 이해로 우리 안에 이 일을 만들고야 마십니다. 이것이 인생이요, 역사입니다. 이런 사실을 알아야 '역사는 다만 순환한다. 인생은 다만 윤회한다'라고 절망하지 않게 됩니다. 역사나 인생은 다만 쳇바퀴를 도는 것 같은 순환에 불과한 것이 아닙니다.

각자가 훈련을 받아 이 위대한 자리, 하나님이 약속하신 영광의 자리에 가는 것입니다. 사람마다 자기에게 주어진 구체적인 인생 속에서 이 복을 누리게 되는 것입니다. 율법이 무엇인가 되물을 때마다 그 법을 주신 하나님이 얼마나 위대한가로 우리의 생각을 돌려 자비롭고 성실하신 하나님을 만나야 할 것입니다.

넉넉함으로 베풀게 되는 삶

이런 배경에서 요한복음 13장 34절과 35절에 나오는 예수님의 명

령을 이해할 수 있게 됩니다. "새 계명을 너희에게 주노니 서로 사랑하라 내가 너희를 사랑한 것 같이 너희도 서로 사랑하라 너희가 서로 사랑하면 이로써 모든 사람이 너희가 내 제자인 줄 알리라."

사랑이란 무엇입니까? 사랑이란 이해하고 기다려 주며 될 때까지 정성을 바치는 것입니다. 왜 사랑하라고 하는 걸까요? 하나님이 우리에 대해서 그렇게 하신다는 것입니다. 그러니 너 겁먹지 마라, 너 정죄하고 다니지 마라, 너 인상 쓰고 다니지 마라, 네가 가진 자인 줄 알아라, 넉넉해라, 이것이 바로 '사랑하라'는 말에 담긴 뜻입니다. 사랑은 불타는 것이 아니라 넉넉해서 흘러넘치는 것입니다. 이 사실을 알지 못한다면 기독교 신앙은 고통스러울 것입니다. 그러나 이것을 알면 패배 속에서도 명예가 있을 것입니다.

경기에서 진 팀이 이긴 팀에 대하여 찬사의 박수를 보내는 것처럼 멋진 일도 없습니다. 그렇지 않습니까. 그런데 이겼어도 바보같이 구는 사람들을 종종 보게 됩니다. 승리했다고 패자를 조소하거나 경멸하고 만다면, 그 사람은 승리가 가지는 명예를 감당할 실력이 없음을 스스로 증명하는 셈입니다. 설령 그런 상대에게 졌다고 해서 통곡하고 유니폼을 찢어 버리는 것으로 패배의 끝을 삼아서는 안 됩니다. 이것이 끝이 아니다, 나 다시 돌아올 것이다, 그리고 내가 만일 이긴다면 나는 그렇게 안 할 것이다, 라고 하면서 승자에게 박수를 보내야 합니다. 이것이야말로 참으로 멋진 패배일 것입니다.

우리의 현실, 직면하는 조건과 환경 속에서 하나님의 사람으로 누리는 넉넉한 성숙과 영광과 명예가 있기를 바랍니다. 결코 패배할 수 없는 인생으로 부름 받았다는 것을 기억하십시오. 어느 한순

간도 필요하지 않거나 아무것도 아닌 시간은 없다는 것을 기억해서 모든 시간과 모든 경우에서 승리하는 우리의 삶이요, 믿음이기를 바랍니다.

질문하기

1.

운동경기에서 법과 규칙의 주된 목적은 무엇입니까?

2.

하나님이 인격으로 일하신다는 것을 놓치면 율법이 어떤 부작용을 낳습니까?

3.

율법이 무엇인가 되물을 때마다 확인해야 하는 점은 무엇입니까?

나누기

내가 지금 넉넉함을 베풀어야 하는 사람이나 상황이 있다면 함께 나누어 봅시다.

11

실력,
하나님에게서만
오는 것

14 우리가 율법은 신령한 줄 알거니와 나는 육신에 속하여 죄 아래에 팔
렸도다 **15** 내가 행하는 것을 내가 알지 못하노니 곧 내가 원하는 것은 행
하지 아니하고 도리어 미워하는 것을 행함이라 **16** 만일 내가 원하지 아니
하는 그것을 행하면 내가 이로써 율법이 선한 것을 시인하노니 **17** 이제는
그것을 행하는 자가 내가 아니요 내 속에 거하는 죄니라 **18** 내 속 곧 내
육신에 선한 것이 거하지 아니하는 줄을 아노니 원함은 내게 있으나 선을
행하는 것은 없노라 **19** 내가 원하는 바 선은 행하지 아니하고 도리어 원
하지 아니하는 바 악을 행하는도다 **20** 만일 내가 원하지 아니하는 그것
을 하면 이를 행하는 자는 내가 아니요 내 속에 거하는 죄니라 **21** 그러므
로 내가 한 법을 깨달았노니 곧 선을 행하기 원하는 나에게 악이 함께 있
는 것이로다 **22** 내 속사람으로는 하나님의 법을 즐거워하되 **23** 내 지체
속에서 한 다른 법이 내 마음의 법과 싸워 내 지체 속에 있는 죄의 법으로
나를 사로잡는 것을 보는도다 (롬 7:14-23)

하나님 없는 자의 현실

로마서 7장 14절에서 23절은 모든 자연인 곧 하나님 없이 사는 인간의 현실을 아주 통렬하게 지적하는 대목입니다. 그 현실이란 마음에서 선과 악이 싸우고 있고 그 싸움에서 늘 악이 이기는 현실을 말합니다. 우리는 죄를 지으면 애통하여 뉘우칩니다. 더 나아가 애를 써서 훈련하고 온갖 의지를 동원하여 선한 사람이 되려고 노력하기도 합니다.

그러나 18절에 있듯 "내 속 곧 내 육신에 선한 것이 거하지 아니하는 줄을 아노니 원함은 내게 있으나 선을 행하는 것은 없노라"라고 한탄할 수밖에 없는 것이 인간의 현실입니다. 이 구절은 우리에게 선을 행할 능력이 없다고 말합니다.

그 이유가 무엇일까요? 14절의 "우리가 율법은 신령한 줄 알거니와 나는 육신에 속하여 죄 아래에 팔렸도다"라는 말씀과 23절의 "내 지체 속에서 한 다른 법이 내 마음의 법과 싸워 내 지체 속에 있는 죄의 법으로 나를 사로잡는 것을 보는도다"라는 고백에서 보듯, 우리가 죄의 권세 아래에 있기 때문입니다. 그래서 우리는 선을 행하려는 의도 속에서도 악을 행하게 되는 것입니다. 우리는 옳을 때에도 죄를 짓습니다. 왜냐하면 우리 안에는 선을 생산할 능력이 없기 때문입니다. 이 부분이 자주 속는 부분입니다. 기독교가 무엇인지 모르면 바로 여기에서 속습니다.

우리는 성공하든 실패하든 여기에서 자유롭지 못합니다. 이 세상을 살면서 보셨겠지만, 성공한 자들은 은혜를 베풀기가 쉽지 않습니다. 성공한 사람들은 대부분 보상을 요구합니다. 제일 많이 하는 못난 짓은 "너는 왜 이렇게 안 해? 그러니 너는 그 꼴이지"라며 자기보다 못한 상대를 면박하는 것입니다. 이처럼 사람은 성공하면 좀 괜찮은 사람이 되는 것이 아니라 성공해도 결국 죄밖에 짓지 못합니다. 그러면 실패하면 사람이 좀 나아집니까? 아닙니다. 실패하면 억울해 합니다. 그래서 이번에는 억울함을 핑계 삼아 또 죄를 짓습니다. 이것이 인간의 현실입니다. 인간의 현실은 왜 이럴까요? 하나님이 없이 살기 때문입니다.

죄란 하나님 없이 사는 부패와 왜곡이라고 했습니다. 생명이 없는 것은 비가 오면 비가 와서 썩고, 해가 나면 해가 나서 썩고, 바람이 불면 바람이 불어서 썩습니다. 생명이 있는 존재는 비가 오면 비를 맞아 자라나고, 해가 나면 햇볕에 자라고, 바람이 불면 바람결에 자라납니다. 자연인에게는 바로 이 생명이 없습니다. 하나님이 없기 때문입니다.

성경은 인간과 하나님의 관계를 말하고 싶어 합니다. 예수 그리스도가 오셔서 한 일이 무엇입니까? 로마서 6장 내내 확인해 왔던 내용입니다. 우리는 하나님을 외면하는 것을 선택하여 하나님 없음의 자리로 내려왔습니다. 멸망과 부패를 자초한 것입니다. 그런 하나님의 부재 가운데에 있는 우리의 자리에 하나님이 쫓아 들어오셔서 이 부재를 없애 버리셨습니다.

그것이 바로 임마누엘입니다. 하나님이 우리와 함께하시다, 곧 성육신입니다. 우리가 초래한 멸망의 자리에 쫓아 들어오셔서 사망을 없애시고 하나님 없음으로 빚어진 궁극적 운명을 없애십니다. 이를 구원이라고 합니다. 우리는 가만히 있어도 된다, 그런 말을 하려는 것이 아닙니다. 구원은 하나님이 이천 년 전에 역사 속에서 이미 이루신 일이지만, 이 구원은 각자의 생애 속에서 적용되고 확인되고 구체화됩니다.

예수를 믿고 사는 것은 단지 구원을 얻은 정도에 머무르지 않고 구원을 누리는 영광의 길이고 명예의 자리라고 거듭 설명했습니다. 바로 로마서 7장이 말하고 싶은 내용입니다. 정직이나 성실, 희생과 같이 어떤 가치를 지닌 덕목이 있다면, 이는 덕목 자체에 가치가 있는 것이 아니라 하나님의 성품에 참여하였기 때문에 가치를 지니게 된 것입니다. 이것이 무슨 의미입니까? 빌립보서 2장에 가 봅시다.

> 너희 안에 이 마음을 품으라 곧 그리스도 예수의 마음이니 그는 근본 하나님의 본체시나 하나님과 동등됨을 취할 것으로 여기지

> 아니하시고 오히려 자기를 비워 종의 형체를 가지사 사람들과 같이 되셨고 사람의 모양으로 나타나사 자기를 낮추시고 죽기까지 복종하셨으니 곧 십자가에 죽으심이라 이러므로 하나님이 그를 지극히 높여 모든 이름 위에 뛰어난 이름을 주사 하늘에 있는 자들과 땅에 있는 자들과 땅 아래에 있는 자들로 모든 무릎을 예수의 이름에 꿇게 하시고 모든 입으로 예수 그리스도를 주라 시인하여 하나님 아버지께 영광을 돌리게 하셨느니라(빌 2:5-11)

예수의 죽음, 그의 순종을 본받으라는 말씀입니다. 이 본문을 예수는 어디까지 충성했는가, 그가 어디까지 희생하셨는가, 라는 질문에 대한 답으로 읽으면 안 됩니다. 여기서는 예수의 희생, 충성, 순종, 각오를 말하는 것이 아닙니다. 예수님은 성부 하나님의 기쁘신 뜻으로 자신을 채우셨습니다. 이것이 성자 하나님이 성부 하나님에 대해 가지신 항복이요, 기쁨이라고 말씀하는 것입니다.

하나님은 당신의 정체를 자비와 긍휼과 성의와 사랑으로 드러내시는 분이라고 성경은 가르칩니다. 하나님의 하나님 되심이 드러난 증거가 바로 예수 그리스도의 십자가입니다. 이제 하나님은 모든 무릎을 예수 앞에 꿇게 하십니다. 어떤 자랑도, 어떤 가치도, 그 어떤 것도 예수의 십자가와 부활에 견줄 것이 없습니다. 이 안에 다 들어가 있습니다. 예수의 십자가와 부활이 전부이며 이를 벗어날 수 있는 것은 없습니다. 가장 위대하고 가장 신비로운 길입니다.

예수의 죽음을 생각해 봅시다. 하나님이 당신을 배반한 죄인들을 위하여 사망의 자리에 찾아오신 것보다 더 큰 기적은 없습니다. 이것을 놓치고 기독교를 어떤 개념으로 설명하기 시작하면 결국 남는 것은 인간의 의지뿐입니다. 실천한 자와 그렇지 못한 자의 구별만 남게 되어 자랑과 채점만 난무하게 됩니다. 하나님이 누구신가에 대해 초점을 제대로 맞추지 않으면 은혜가 없습니다.

은혜가 없으면 우리의 마음과 육신에 선한 것이 없다는 사실을 거듭 확인하는 비극밖에는 남는 것이 없습니다. 이것이 로마서 7장이 우리에게 하고 싶은 말씀입니다. 성경은 하나님이 누구신가를 드러낸 것이 십자가라고 하면서, 하나님이 당신을 십자가로 자랑하신다고 합니다. 십자가야말로 하나님이 우리를 위하여 어디까지 올 수 있는가를 보여 준 구체적 증거라고 하십니다. 이런 관점에서 빌립보서 2장의 앞부분을 살펴봅시다.

> 그러므로 그리스도 안에 무슨 권면이나 사랑의 무슨 위로나 성령의 무슨 교제나 긍휼이나 자비가 있거든 마음을 같이하여 같은 사랑을 가지고 뜻을 합하며 한마음을 품어 아무 일에든지 다툼이나 허영으로 하지 말고 오직 겸손한 마음으로 각각 자기보다 남을 낫게 여기고 각각 자기 일을 돌볼뿐더러 또한 각각 다른 사람들의 일을 돌보아 나의 기쁨을 충만하게 하라 (빌 2:1-4)

이 본문은 선한 일을 할 때 겸손하라는 말씀이 아닙니다. 그리스도 안에서 주어지는 권면은 그 권면이 좋은 소리이고 옳은 소리라서 따르라는 것이 아닙니다. 선한 일을 할 때에 하나님이 일하신다는 것을 기억하라, 이는 절대 우리에게서는 흘러나올 수 없는 것임을 기억하라, 하나님이 일하고 계신다, 현실 속에서 하나님이 당신의 영광과 능력을 구체화하시고 실현하신다, 그러니 너희는 이 영광을 누려라, 이 사실을 놀라움으로 소유하고 듣고 보아라, 그렇게 이야기하는 것입니다. 하나님이 일하십니다. 언제나 일하십니다. 우리의 모든 현실에 하나님의 일하심이 필요합니다. 이것이 없으면 견딜 수가 없습니다.

예수를 믿지 않는 사람은 도대체 무엇으로 살아가는지 궁금하지 않습니까? 세상을 아무리 둘러봐도 어디에 답이 있습니까? 인간이 가진 고뇌와 숙제를 무엇으로 해결할 수 있다는 말입니까? 자기 마음 하나도 평안하게 지키지 못하는 것이 사람 아닙니까. 자기도 자기 자신이 마음에 들지 않는데, 하물며 다른 사람이야 당연히 자기 마음에 들지 않겠죠. 그런데 마음에 안 드는 그 사람이 내 자식이나 내 부모나 내 이웃이라면, 우리는 참거나 체념하는 것밖에 다른 방도가 없습니다. 그런 상태로 인생을 계속 살아야 합니다. 이것은 벌입니다. 그저 이렇게 살고 죽을 것이라면 무엇 때문에 살 필요가 있는가, 라는 질문이 속 깊은 곳에서 나올 수밖에 없습니다. 사는 것이 무엇인가, 나의 가치가 무엇인가, 이 가슴 저미는 현실은 어떻게 하라는 말인가.

이 탄식에 성경만이 답을 줄 수 있습니다. 바로 예수 그리스도이십니다. 단지 사랑, 헌신, 희생 정도가 아닙니다. 예수 그리스도입니다. 성자 하나님의 죽음을 기꺼이 받아들이시는 성부 하나님의 크심이 여기에서 드러납니다. 성부 하나님이 예수를 보내신 것, 성자 예수님이 아버지 하나님의 보내심을 받는 것, 그러한 정황 안에서 드러나는 능력과 영광을 성경이 이야기합니다. "아버지여, 아버지께서 내 안에, 내가 아버지 안에 있는 것 같이 그들도 다 하나가 되어 우리 안에 있게 하사 세상으로 아버지께서 나를 보내신 것을 믿게 하옵소서"(요 17:21). 성경은 이 사랑을 이야기합니다. 덕목으로서의 사랑, 추상 명사로서의 사랑이 아니라 예수 그리스도 안에서 구체화된 사랑 말입니다.

하나님에게서만 오는 실력

에베소서에는 기도가 두 번 나오는데 그 하나가 이것입니다. 에베소서 1장 17절을 봅시다.

> 우리 주 예수 그리스도의 하나님, 영광의 아버지께서 지혜와 계시의 영을 너희에게 주사 하나님을 알게 하시고 너희 마음의 눈을 밝히사 그의 부르심의 소망이 무엇이며 성도 안에서 그 기업의 영광의 풍성함이 무엇이며 그의 힘의 위력으로 역사하심을 따라 믿는 우리에게 베푸신 능력의 지극히 크심이 어떠한 것을 너희로 알게 하시기를 구하노라 그의 능력이 그리스도 안에서 역사하사 죽은 자들 가운데서 다시 살리시고 하늘에서 자기의 오른편에 앉히사 모든 통치와 권세와 능력과 주권과 이 세상뿐 아니라 오는 세상에 일컫는 모든 이름 위에 뛰어나게 하시고 또 만물을 그의 발 아래에 복종하게 하시고 그를 만물 위에 교회의 머리로 삼으셨느니라(엡 1:17-22)

너희 자신이 어떤 존재인지 너희가 알기 원한다, 너희를 지으시고 너희를 위하여 당신의 아들을 보내신 하나님이 누구신지 너희가 알기 원한다, 그분이 너희를 위하여 무엇을 하셨으며 이 일이 얼마나 굉장한 것인지 알기를 원한다, 라고 하는 바울의 기도입니다.

하나님을 모르면 삶에서 아무 의미를 발견할 수 없습니다. 살아 있는 것이 다만 죄이고 벌일 뿐입니다. 어찌 보면 일찍 죽는 것이 옳은 결단입니다. 살아야 할 이유나 가치가 있어야 할 것 아닙니까? 인간의 가치는 성경 이외에서는 나오지 않습니다. 우리에게 있는 영적 갈증을 세상의 무엇으로도 채울 수 없습니다. 누군가에게 보복한다고 해서 마음이 채워지는 것은 아닙니다.

마찬가지로 아무리 많은 원망을 하고 그 원망이 생긴 이유를 줄줄 댄다고 해서 인생에 답이 생기는 것이 아닙니다. 하나님을 알고 예수를 믿기까지는 아무 답이 없습니다. 하나님이 누구신지 안다면 우리가 얼마나 큰 영광과 자랑으로 부름 받은 것인지도 깨달아야 합니다. 모르면 기도하기 바랍니다. 우리에게 하나님을 알게 하셨는데 이 영광과 우리를 향한 하나님의 성실하심과 약속을 알고 누리게 하여 주옵소서, 그렇게 기도해야 합니다. 에베소서 3장 14절 이하에 또 하나의 기도가 나옵니다.

> 이러므로 내가 하늘과 땅에 있는 각 족속에게 이름을 주신 아버지 앞에 무릎을 꿇고 비노니 그의 영광의 풍성함을 따라 그의 성령으로 말미암아 너희 속사람을 능력으로 강건하게 하시오며 믿음으로 말미암아 그리스도께서 너희 마음에 계시게 하시옵고 너희가 사랑 가운데서 뿌리가 박히고 터가 굳어져서 능히 모든 성도와 함께 지식에 넘치는 그리스도의 사랑을 알고 그 너비와 길이와 높이와 깊이가 어떠함을 깨달아 하나님의 모든 충만하신 것으로 너희

> 에게 충만하게 하시기를 구하노라 (엡 3:14-19)

죄는 하나님 없음이라고 했습니다. 하나님이 없으면 부패와 왜곡과 멸망의 길을 갈 수밖에 없습니다. 그렇게 죄의 지배 속에 사는 것이 우리의 운명이었는데, 이제 하나님이 예수 안에서 우리의 아버지가 되셨고, 예수 안에서 우리를 당신의 자녀로 묶으셨습니다. 이제는 하나님의 손에서 우리를 끊을 것이 세상에 없습니다. 그 큰 하나님의 능력과 성실하심이 우리를 그분의 자녀로 매일매일 기르십니다. 우리가 어떠한 경우에 처하든 그의 영광을 우리와 함께 나누십니다. 그것을 알라고 하십니다.

이기는 것이 전부가 아니고 가지는 것이 전부가 아닙니다. 우리가 이기고 가진 것 속에서 하나님의 영광이 묻어 나오느냐, 우리의 억울함 속에 하나님의 영광과 은혜가 묻어 나올 수 있느냐, 하고 물어야 합니다. 이것은 이기고 지는 싸움이 아니며 형통과 고단함의 문제가 아닙니다.

죄가 우리를 붙잡아서 옳은 것과 선한 것으로도 죄를 지을 수밖에 없게 했다면, 이제 예수 그리스도 안에서 하나님이 베푸신 구원은 죄가 그리했던 것과 비교할 수 없는 큰 능력으로, 하나님이 우리의 하나님이 되사 이 하나님의 하나님 되심으로 우리를 붙들어 승리하게 하실 것입니다. 그러니 겁내지 말라고 하십니다. 이어지는 20절 말씀을 보겠습니다.

> 우리 가운데서 역사하시는 능력대로 우리가 구하거나 생각하는 모든 것에 더 넘치도록 능히 하실 이에게 교회 안에서와 그리스도 예

수 안에서 영광이 대대로 영원무궁하기를 원하노라 아멘 (엡 3:20-21)

아멘입니다. 예수를 믿는 것이 무엇인지를 알아야 합니다. 우리의 삶에서 영광과 명예를 가질 수 없는 그런 경우나 자리는 없다는 것을 알아야 합니다. 잘 이기고 또한 잘 져 주고 잘 살아서 우리를 만나는 이웃과 시대 앞에 하나님의 영광과 은혜가 되는 인생이 되십시오.

질문하기

1.

하나님 없이 사는 인간의 현실을 설명해 봅시다.

2.

은혜가 없으면 어떻게 됩니까?

3.

우리의 삶에서 중요한 것은 이기고 지는 싸움도 아니고 형통과 고단함의 문제도 아니라고 합니다. 그렇다면 우리의 삶에서 정말 중요한 문제는 무엇입니까?

나누기

억울함 속에서도 하나님의 영광과 은혜가 묻어 나왔던 경험이 있었다면 나누어 봅시다.

질문과 답

01

1. '예수 이전'과 '예수 이후'는 어떤 차이가 있습니까?

'예수 이전'이 답 없는 인생을 살아야 하는 인류 역사의 비참함을 보여 주고 있다면, '예수 이후'는 인류를 위하여 하나님이 예수 안에서 행하신 것으로 시작된 새로운 세상을 보여 주고 있습니다. (12쪽)

2. 로마서에서 믿음이라는 말은 어떻게 사용되고 있습니까?

우리의 자격과 조건을 묻지 않고 하나님 홀로 하신 일을 집중적으로 강조하기 위해 믿음이라는 말이 사용됩니다. (13쪽)

3. 로마서 3장 21절에서 바울이 말하고자 하는 것은 무엇입니까?

하나님이 이미 만들어 놓으신 구원의 혜택을 받고 살라는 것입니다. (15쪽)

02

1. 구원에서 율법과 은혜가 함께 가고 있다는 것이 어떻게 드러납니까?

율법은 하나님의 공의이고 이 공의를 이루시는 하나님의 방법이 은혜입니다. (24쪽)

2. 인류의 역사에서 아브라함의 등장은 무엇을 뜻합니까?

대책 없고 희망 없는 인류의 현실에 하나님이 아브라함으로 새로운 일을 시작하신다는 것입니다. (27쪽)

3. 오늘 우리가 사는 이 세계는 언제 절망의 판에서 은혜의 판으로 바뀌었습니까?

이미 이천 년 전입니다. (31쪽)

03

1. 아브라함은 어떤 존재를 대표합니까?

하나님의 은혜를 입은 자입니다. (37쪽)

2. 아브라함이 하나님을 믿었다는 말은 무슨 뜻입니까?

그가 하나님에게 붙들려 있었다는 뜻입니다. 그에게는 다른 대책이 없었습니다. (42쪽)

3. 아브라함에게 이삭을 바치라고 하여 확인시켜 주는 내용은 무엇입니까?

네가 이삭을 만들지 않았다, 이 이삭은 원래 없어도 됐다, 는 것입니다. (43쪽)

04

1. 믿고 나서 보니 내가 하나님의 자녀 되는 일은 언제 이루어졌습니까?

이미 이천 년 전에 모든 인류를 위하여 예수님이 죽으셨을 때입니다. (50쪽)

2. 환난과 고난 속에서도 우리에게 주어진 현실을 살아갈 수 있는 근거는 무엇입니까?

그 어떤 것도 우리에게 주어진 승리와 우리의 완성을 방해할 수 없다는 사실입니다. (53쪽)

3. 그리스도인의 실력은 어떻게 나타납니까?

외면당할 수 있고 억울할 수 있지만, 이 일을 통하여 모든 사람에게 그늘과 보호를 주시는 하나님의 손길로 서 있는 자가 되는 것으로 나타납니다. (55, 56쪽)

05

1. 기독교가 다른 종교와 확연히 구별되는 점은 무엇입니까?

다른 종교에서 믿는 신은 인간에게 무관심하기 때문에 인간이 신

을 찾아가 설득하고 감동시켜야 겨우 보상을 받을 수 있지만, 기독교는 하나님으로부터 시작합니다. (60쪽)

2. 로마서 5장 1절의 '그러므로'는 어떤 의미의 '그러므로'입니까?

예수가 오셨고, 죽으셨고, 부활하신 일이 일어나서 완료된 후(롬 3:21)에 나온 위대한 반전에서 비롯된 '그러므로'입니다. (63쪽)

3. 신자의 명예는 어디에 있습니까?

이 세상이 이해할 수 없는 길을 가는 것에 있습니다. (67쪽)

06

1. '대표 원리'를 설명해 봅시다.

인류의 조상인 아담의 행위와 결정이 그의 모든 후손에게 영향을 미친 것같이, 둘째 아담 곧 예수 그리스도로 말미암아 새로운 인류가 시작된다는 원리입니다. (72쪽)

2. 하나님은 인류를 구원하기 위하여 법칙을 쓰는 대신 무엇을 하셨습니까?

실제로 역사 속에 직접 쫓아 들어오셨습니다. (73쪽)

3. 순종이란 무엇입니까?

하나님이 창조주이심을 믿고, 우리의 인생을 통하여 하나님이 기뻐신 뜻을 이루실 것이라는 데에 우리의 생각과 소원을 두고, 자신을 맡기는 것입니다. (79쪽)

07

1. 죄가 넘친 곳에 은혜가 더욱 넘쳤다는 말씀은 무슨 뜻입니까?

하나님이 예수 안에서 이루신 구원이 우리가 저지른 모든 죄를 뒤엎어 회복하고 만회할 만큼 크다는 뜻입니다. (84쪽)

2. 예수께서 죽으시고 부활하신 이유는 무엇입니까?

우리를 당신과 묶기 위해서. 당신의 살아나심으로 우리를 일으키시기 위해서입니다. (88쪽)

3. 우리가 머무는 현재는 어떤 현재이기에 방심하지 말아야 합니까?

미래를 향해 있는, 하나님이 일하시는 과정에 있는 현재이기 때문입니다. (89쪽)

08

1. 성경이 사울을 통하여 보여 주는 인생은 어떤 모습입니까?

욕심이 있고 소원은 있으나, 자신의 인생을 승리로 끌어갈 실력은 없는 한 인간의 비극적인 삶입니다. (99쪽)

2. 다윗도 눈물의 자리에 서지만 죽음으로 가는 길에 들어서지 않은 이유는 무엇입니까?

하나님이 그를 붙드셨기 때문입니다. (101쪽)

3. 은혜는 우리에게 어떤 지위와 기회를 줍니까?

하나님의 자녀라는 지위, 그 이름으로 존재하는 기회입니다. (102쪽)

09

1. 죄란 무엇입니까?

하나님 없음, 곧 하나님의 부재입니다. (111, 114쪽)

2. 신자의 삶에서 죄가 더 이상 설 자리를 잃게 된 이유는 무엇입니까?

하나님이 우리가 거부한 그 자리까지 쫓아 들어오심으로 부재를 다 걷어치우자 그렇게 되었습니다. (114쪽)

3. 신자의 삶에 중첩되어 있는 두 현실은 무엇입니까?

죄의 뿌리가 아직 뽑히지 않은 채 신자를 위협하고 유혹하는 현실과 하나님이 우리를 당신의 자녀로 부른 현실입니다. (116쪽)

10

1. 운동경기에서 법과 규칙의 주된 목적은 무엇입니까?

벌을 주는 데에 있지 않고 경기를 계속 할 수 있게 해 주는 것에 있습니다. (123쪽)

2. 하나님이 인격으로 일하신다는 것을 놓치면 율법이 어떤 부작용을 낳습니까?

율법이 인격과 성품에서 벗어나 사람을 잡는 무기가 됩니다. (125쪽)

3. 율법이 무엇인가 되물을 때마다 확인해야 하는 점은 무엇입니까?

법 자체에 몰두하기보다는 법을 주신 하나님이 얼마나 위대한가로 우리의 생각을 돌려 자비롭고 성실하신 하나님을 만나야 합니다. (127쪽)

11

1. 하나님 없이 사는 인간의 현실을 설명해 봅시다.

마음에서 선과 악이 싸우고 있고 그 싸움에서 늘 악이 이기는 현실입니다. (134쪽)

2. 은혜가 없으면 어떻게 됩니까?

우리의 마음과 육신에 선한 것이 없다는 사실을 거듭 확인하는 비극밖에는 남는 것이 없습니다. (138쪽)

3. 우리의 삶에서 중요한 것은 이기고 지는 싸움도 아니고 형통과 고단함의 문제도 아니라고 합니다. 그렇다면 우리의 삶에서 정말 중요한 문제는 무엇입니까?

이기고 가진 것 속에서도, 억울한 것 속에서도 하나님의 영광과 은혜가 묻어 나와야 하는 것입니다. (142쪽)